泛**90**

Dishisanjie Xingainian
Huojiangzhe Qiaochu Xinzuo Jinghua

第十三届 新概念
获奖者翘楚

新　作　精　华

辛木　主编

B
卷

重庆大学出版社

图书在版编目（CIP）数据

泛90：第十三届新概念获奖者翘楚新作精华. B卷 /
辛木主编. — 重庆：重庆大学出版社，2011.3
ISBN 978-7-5624-5989-7

I. ①泛… II. ①辛… III. ①作文-中学-选集
IV. ①H194.5

中国版本图书馆CIP数据核字（2011）第022800号

泛90：第十三届新概念获奖者翘楚新作精华. B卷

辛木 主编

黄强 汪映含 龚懿莎 参与编辑

策　　划：[重报图书] 重庆日报报业集团图书出版有限责任公司

责任编辑：喻为民　　版式设计：何海林

责任校对：刘雯娜　　责任印刷：张　策

*

重庆大学出版社出版发行

出版人：邓晓益

社址：重庆市沙坪坝正街174号重庆大学（A区）内

邮编：400030

电话：(023) 65102378 65105781

传真：(023) 65103686 65105565

网址：http://www.cqup.com.cn

邮箱：fxk@cqup.com.cn（营销中心）

全国新华书店经销

重庆升光电力印务有限公司印刷

*

开本：720×1020　1/16　印张：14.25　字数：233千

2011年4月第1版　2011年4月第1次印刷

ISBN 978-7-5624-5989-7　定价：25.00元

第十三届新概念获奖作者简介

蒉意，双鱼座女子，喜欢幻想，崇尚温暖的文风，但偶尔会发发神经怀念一下初恋，目前大爱伯内特的儿童文学。

温暖，笔名另维。满族。烟霞癖，信佛，善舞善琴，爱旗袍，待篮球胜命。七岁入中国少年作家协会，连年优秀，已逾十载。十二岁走上杂志写手之路，迄今发表文章已近百万字。先后被《漫女生》《最天使》等七家杂志和出版经纪公司聘为兼职编辑，作品散见于《萌芽》《最女生》《花火》等。

刘涛，正称江修。非雄性生物。

邢颖，笔名珞汐子。1990年12月生于一个北方小城。火烈纯净相交融的射手座。相信宿命和轮回，喜欢自我地将文字里添上某种神秘的味道。希愿用温暖而看似漫不经心的笔触，揭露并探视各种女性灵魂深处的孤独、阴暗、敏锐、尖利、美好。感激文学给自己所带来的救赎与光芒。部分文字见于《中国校园文学》《萌芽》等。

林梦楠，女。敏感，情绪化。最大的愿望是健康平安，父母幸福。永远对未来充满期待，旅行和支教是必须完成的理想，那像开火锅城啦，将所有"大富翁"通关啦，就再说吧。唯一的坚持是：要永远保持一颗能够被感动的心。

王永强，笔名封尘，生于1992年初春。在《萌芽》《可爱女生》《中学生百科》《新作文》《作文升级》等杂志发表文章，入选《新作文》杂志年度90后写手展，杂志专题报道。四川人，现在在上海一所面积很小，但是历史悠久的出版印刷类专科学校里面学习与出版相关的专业，过着大隐隐于寝室的生活。平常爱胡思乱想爱莫名其妙，是个很奇怪的双鱼座。

辜妤洁，青春小说名家。短篇文章见于《美文》《中国校园文学》《意林》《课堂内外》等杂志。出版作品《像个孩子》《风筝有风，海豚有海》等。

黄烨，女，1993年3月生于苏州太仓，双鱼座，典型小镇生活产物。热爱旅行、音乐、文字、电影。相信文字是最能出卖作者的东西。获十一届新概念二等奖。作品散见于《萌芽》《中国校园文学》等杂志文集.

马盼盼，专栏作者。第一届花火大明星纸上选秀二十强选手。出版有《谁的青春伴我同行》《秦乱》等书。短篇作品见于《紫色》《美文》《摩客》《南风》等杂志及各种青春小说集。

王天宁，第五届"冰心作文奖"三等奖。生于1993年1月25日，写作是为了曾经的承诺，想把日子过成歌，最欣赏的人可以把骂声听成掌声，峰回路转，每一天都是原点。13岁开始发表文章，至今已在《青年文学》《萌芽》《儿童文学》《美文》《中国校园文学》《少年文艺（江苏）》《读友》《巨人》等各类文学杂志发表小说、散文近七十篇，并多次被各杂志进行专版介绍。

序：风从海上来

新概念已经成功举办了十三届，从1998年到2011年，从最初的几千人参加，到后来数十万人参与，再到现在的数万人参赛。新概念已经渐渐地从一场比赛，变成了一种写作流派，变成了一种信仰。渐渐地从一棵小苗，长成一个参天大树。因为这树上结出过韩寒、郭敬明、张悦然这样的果实，结出过北大、北影、厦大、复旦等名校的学子，已经没有人再质疑什么了。

事实上新概念一直以来也都是国内最公平公正的比赛，要想入围新概念，就只有靠写。我是在《萌芽》杂志发表一些文章后才参加新概念比赛的，但参加了五年，也只有两年侥幸入围。也正是因为新概念的公正，它才可以在这信仰缺失的年代存活下来，一直到现在。

现在新概念的功能也变得多样化起来，除了可以让你有一个证明自己写作才华的平台，可以让你在高考中加分之外，新概念现在也有了专属比赛的杂志，给大批爱好写作的人提供了发表的平台。每年在上海复赛的时候，还会有往届的选手聚会，你可以在这里找到平时在生活中找不到的志同道合的朋友，这里没有狂热的崇拜，所有人都有才华，区别只是已被发现和未被发现。

在成功编选了数届新概念获奖者新作合集之后，今年重报图书推出了《泛90》书系，从第十三届新概念作文大赛众多获奖者中，选取了十余个最具才华和特色的获奖选手。事实上每年数万名参赛者，数百名获奖者，最终能被记住名字的，也只有十余个而已。

这其中有获得过"90后十二钗"称号、即将出版长篇的90后获奖者辜好洁，也有被称作90后韩寒的符虚，还有受邀作客《天天向上》文学少女辛晓阳，以及两届新概念奖得主、饶雪漫旗下的写手另维。可以说是国内青春文学各种写作风格的一次全面集结。

泛90，就是指1990年前后出生的人，包含80后，也包含90后。确切的说是指1985到1995年这十年间出生的人。以年龄来划分群类难免有些武断，但又不能否认，1985年出生的人和80年出生的人有很大区别，1995年出生的人的思想观念更是不能和85后做比较，这前面有一个泛字做支撑，这个群体就大起来了。

早年我曾和朋友在网上创立泛90论坛，现在虽然因为年纪大而不玩论坛了，但那论坛却依旧在，比起很多闪耀一时的论坛，泛90是成功的。这股从上海刮起的青春写作风潮，在席卷了整个中国之后，留给了太多人梦想和期待。从这批年轻作者的笔下，你可以看到另一个自己，可以找到那条只属于你的未来之路。

最后，希望你即将阅读的故事能够给予你力量！希望这些获奖者的文学之路可以走得更远。

天涯蝴蝶浪子
2011年1月于成都

目 录
-------------------------------Contents-------------------------------

第一辑　年少如歌

不　双 ………… 002

灰　涩 ………… 011

美丽时光走丢了 ………… 018

八月的褪色 ………… 027

第二辑　让梦想飞

猫挽歌 ………… 038

翅膀记得，我们一起飞 ………… 045

手　机 ………… 058

橙色精灵 ………… 067

第三辑　夏末列车

　　　巴士11号 ………… 082

　　　凤　眼 ………… 089

　　　爱情实验 ………… 096

　　　明　天 ………… 102

　　　一夏的南国 ………… 106

　　　云洗森严 ………… 114

第四辑　奶茶岁月

　　　碎　梦 ………… 148

　　　青　奈 ………… 158

　　　夏了夏天 ………… 167

　　　梦想照进现实 ………… 171

　　　等下一个天亮 ………… 176

第五辑　追云的风

　　　暮　色 ………… 186

　　　心已远 ………… 196

　　　小镇生活 ………… 205

　　　夜哭妖精的曼舞 ………… 212

第一辑　年少如歌

不双

灰涩

美丽时光走丢了

八月的褪色

不 双

文/刘涛

一

容貌相似达到百分之七十以上的人，很有可能存在着血缘关系。这种近亲纽带使他们之间的亲近变得具有危险性，并且在法律上也予以禁止，也许在过去，这样的联姻会使某些利益和势力更加壮大稳固，然而现在却变成了一种悖逆道德为人不齿的行为，这种严格的禁止成了一种保护。然而在外因或仅是巧合下相似的那极少一部分人之间，同样存在有屏障，使相契合的事物之间不只存在亲和性，总有令人不愉快的那面与之对立，同样的，他们之间也有着不可估量的伤害能力。

这确实是件不愉快的事情。林嘉铭将体检化验单对折起来装在口袋里，用力地压出一截折痕，有些结果在出来之前已经隐隐地感觉到了不会是预想中的那样顺利，果然对于坏事的猜测从来都不出意外。恰好此时莫珊的电话打来，突兀响起的铃声又带动起心中的不快，变得烦躁不安。掏手机的时候又将那张纸带了出来，越是不愿意看见的事物，越是显得扎眼。

"一切正常。"即便是这样也是最不想看见的。

"喂，嗯，我去接你。下楼时小心一点。"温和的语气和脸上阴郁的表情完全不相配，勉强牵扯着嘴角试图让声音柔和，仿佛他体内置有不属于他本身的发声器。"喻扬说你去医院了，生病了么？"听着电话对面关切的询问，突然厌恶起好友的多嘴，有时候多余的热情比爱管闲事更让人讨厌。

"没事的，以前学校里的同学住院了而已，我去看一看。好了，你快

泛
90
第十三届新概念获奖者翘楚新作精华

B
卷

收拾一下，我接你去吃饭。"匆忙地挂了电话借以逃避话题，又觉得有些不妥，顺手将那张化验单扯碎了扔进旁边的垃圾桶，不想留下任何蛛丝马迹。看着它掉在被废弃的杂物中，又迅速被油渍模糊了字迹，心情又骤然轻松了起来。毕竟在更大的危机来临之前，自己已经顺利地找到了它发展的轨迹。

"喻扬，我在市第一医院，你要不要过来看看？"转而打电话给自己的好友，"你记不记得高中时你那个姓陈的同桌，她住院了，胫骨骨折，看起来蛮严重的，最近需要有人来照顾她。"嘉铭撒谎时语调波澜不惊，他深知好友的脾性，觉得麻烦一定会推脱掉。"想不起来了……我只记得当时的班花啦，对那种连脸都记不清的女生没兴趣，哪像你，滥好人，要照顾你自己照顾吧，小心某个人吃醋哦。"叮嘱了两句，那边传来了敲键盘和打游戏的声音。果不其然，喻扬毫不犹豫地拒绝了。"嗯，那等下一起去吃饭。"讲完最后一句，脸上的表情已经变得若无其事。

坐地铁从医院到校门口，用了半个小时，其间接到莫珊和喻扬催促的短信，却没有去理会。脑海里翻来覆去都是其他问题，又觉得自己这样有了形迹可疑心中有事的"嫌疑犯"。

"谁知道今天人那么多啊，地铁上挤得要死。哪有空隙去回你们的短信。"他讪讪地对着嗔怒着望向自己的女友解释，一面向她展示被挤得有些皱的衣服。"好啦好啦，我请你们去吃饭。"连忙出声安慰。"诶，那个女生还好吧。"喻扬适时地打了圆场，插话道。"听说是粉碎性骨折，后天就要转院了，到临市的一家医院里。"他在脑海中迅速地编好理由，事实上林嘉铭连胫骨的具体位置都不知道。这样一来，连莫须有的人都留不下任何线索了。

他伸手帮莫珊捋开拂在脸上的发丝，那是有着与自己异常相似的眉目的人，看着她，好像照镜子一般。一个惟妙惟肖，又与自己性别相反的影子。

二

和莫珊在一起并不是因为她得长相"漂亮可爱"或性格"温柔贤淑"，当然也不是"家产可观"，事实上她不具备以上的任何一项。林嘉铭和莫珊之间完全不存在"主动的一方"。喻扬也向他求证过"为什么会看上莫珊"这样类似的问题。"我觉得她性格什么的一点也不好，哪里配得上你。"并不止一次地劝说林嘉铭换一个秀色可餐或是小鸟依人类型的对象在视觉或是实际行动上让他分享到一隅好处。"你是还对人家姑娘有愧疚感吧。"一句话说中了要害，换来的是更加猛烈的回击。

"先去把你那个鸵鸟依人的女网友处理好。"每当这时林嘉铭必然会面无表情却一击致命地反击道，然后喻扬便乖乖地噤了声。这是攻击喻扬最不愿提及的一段伤心往事，聊了整整三个月才搞定的女网友居然是体育系赫赫有名的霸王花，不光是一身堪比男人的健硕肌肉让他觉得难以应付，更加无法容忍的是她庞大的躯体靠在喻扬身上时那种泰山压顶的窒息感。

而对于莫珊的情感，愧疚的确是大于喜欢，所以能够容忍她喜怒无常的脾气，或是各种无理取闹的要求。"孤僻，不合群，贫困生"用来形容莫珊的词几乎与林嘉铭完全相反。

她是独立于群体的一个存在，不参与女生之间的八卦活动，也对想要亲近她的人拒之千里。从他接触莫珊到现在，勉强有所改观，但变化最大的却是对于莫珊的评论："丑八怪，麻雀变凤凰，不配"。似乎和她在一起，激起了更多的人对她产生敌意。

"快看，林嘉铭和那个丑八怪在一起。"身后传来议论。"小声点啦，她听见怎么办。"刻意压低了声音，但明显是想让莫珊听到。他看到她吃饭的动作明显停顿了一下，然后略显尴尬地放下筷子，把别在耳后的长发放下来想遮住脸颊。"嘉铭，我吃饱了，我们回去吧。"她眼神闪躲，不敢去看他身后指着她肆意议论的人，于是那些嘲笑声又大了一些。

"真不知道那个女的是怎么让林嘉铭喜欢上她的，装可怜，以为自己是灰姑娘啊。"尖锐地刺在耳膜上，让她既恼怒又羞愧。"嘉铭，我先走了。"她起身去拿放在嘉铭和喻扬之间的包。但嘉铭的动作比她更快一步，在她站起来的瞬间，他在众目睽睽下给了她一个亲吻，比那个吻更能震慑人心的，是她在那一瞬间侧脸上露出来的伤痕，从颧骨划至耳根，狰狞地覆盖在她脸上。早就知道这一情况的人也不禁倒吸一口凉气。

三

高一时的林嘉铭对于打架并不畏惧，这个年纪的男生，总对暴力行径

泛90
第十三届新概念获奖者翘楚新作精华
B卷

抱着跃跃欲试的心态，甚至期许借助这样的途径获得名声。当时嘉铭对高中生之间的小帮派并不了解，只抱着单纯的心态以为凭借自己一个人就可以风生水起。但现实总是与理想背离，他还是惹到了他惹不起的人。连着喻扬一起每天陪着他心惊胆战，看到聚在一起的人时，便没命地逃跑。他终究是害怕那些人手中明晃的刀子，明白自己如何也不能以一敌众，况且还带着不会打架的喻扬。

但有一天那些人却对他置若罔闻，仿佛曾经的仇恨都已经烟消云散，偶尔对视时，也只是带着怜悯同情的狡黠笑容。"你妹妹替你还清了，以后你他妈的小心一点。"他们在林嘉铭脸上找不到愤怒的表情，看到的只有迷惘与疑惑。"呸，懦弱。"他们将口水吐到林嘉铭脸上后扬长而去。他始终不敢开口问出那个问题，他并没有妹妹。但很快他就明白了他们口中妹妹的意思。当喻扬在放学后慌张地告诉自己邻班的莫珊被那群人在前几日用刀划伤了脸，深及见骨的伤口永远都没有愈合如初的可能时，他的心里已经由惊恐变为了绝望。

从前只听说过邻班有个女生长得像自己，并未放在心上，以为是女生们煞费心思想出来的噱头来引起他的注意，后来听说那女生的口碑并不好就再没问起过，现在不仅是证实了确有其人，而且还扯上了不可逃脱的关系。随后冷静下来的林嘉铭让喻扬打听清楚那女生住院的病房号，然后提了果篮去看她。

莫珊的家境和传闻中的一样贫穷，仅仅是在大病房中再加一张每日二十块钱的简易床，没有挂针，床头放着两盒消炎药，她身边的冷清和周围几乎要被鲜花和水果围起来的病人对比鲜明，莫珊脸上缠着厚重的纱布，一说话脸上的伤口便会渗出斑斑的血迹。进食也变得困难起来。

"你是莫珊的……家属？"站在病房门口的护士问道正在犹豫进不进去的林嘉铭，年轻的小护士打量着嘉铭的衣着，然后又望向了莫珊，眼神瞬间由欣喜变为鄙夷，最终生硬的把"哥哥"这个词替换为家属。

"不，不是的，同学而已。"他一边应答一边硬着头皮朝着莫珊走过去，甩开了似乎还要说些什么的护士。

坐在她身边的应该是她的妈妈，三十多岁的妇人两鬓俨然已经苍白，她身着洗得发白的藏蓝外套，粘着不知从哪蹭来的煤灰，一边抹着眼泪一边数落着莫珊的不是。她这样无休止的号啕使得病房中的人对她们母女由刚开始的同情很快就变为了憎恶，不时斥责她安静一点。

"你在学校惹到了什么人呐，你这样让我怎么办……谁这么狠毒啊……"中年妇女的哭声嘶哑，眼睛哭得红肿却再也流不出泪水，莫珊只是把脸偏向了一边当作没听到。

　　"阿姨。"他小声的叫她，中年妇女在抬起脸的瞬间止住了泪水，像突然卡住的画面般怔怔地盯着他，脸上带着诧异。良久才缓过来问他："你是小珊的同学吧，你知道是谁这么对她的么？"他连忙摇头否认，与莫珊的视线对上，她的眼神全然表明她知晓一切，但她并没打算开口说什么，又闭上眼佯装睡眠。

　　林嘉铭忘了自己是怎样在莫珊母亲的百般挽留下走出病房的，但那张面对着他的脸，如同在支离破碎的镜子中看到自己，在刹那间攥紧了他的心脏。

四

　　十三岁的时候，偶然在起夜时听到父母的对话，母亲生产时，正值医院停电，所有的手术都无法进行，那时的设备很简陋，也没有应急的电源。但生产是不能人为推迟的，转院俨然已经来不及了，并且同病房的另一名妇人也有了临产的迹象。

　　无奈之下只能在蜡烛与自然光微弱的照耀下进入手术室，但幸运的是，两个人的生产都十分顺利。林建业一直以来想要一个儿子，当时便不假思索的抱起两个婴儿中的男孩，直到回到家中，才发觉自己当时的唐突。虽说与自己妻子一同分娩的人在同一个城市，要找到也不是十分困难，但这样的事情说出去有损颜面，如果真的是个女儿，还不如不要。

　　多年以后，他向妻子说起这件事，已变成谈笑，随着嘉铭越来越像自己，心中的顾忌与疑惑也随之消减，逐渐闭口不提当年在匆忙中自己的马虎大意。

　　"你知道么，今天我去接嘉铭的时候，看见一个女孩子和嘉铭长得很相像，那时我还以为嘉铭怎么打扮成女孩的样子出来了。"林建业调侃着对妻子说。

　　"最近报纸上说，医院的医生有贩卖小孩子的行为，如果生了一胎就告诉你生下的是死胎，如果生的是双胞胎就抱走一个……会不会……"

他知道妻子将要说的话，于是迅速打断："诶哟，当时你生孩子生了几个不知道啊。"

"黑灯瞎火的哪看得清楚，生孩子的又不是你。当时把我疼得死去活来的，哪有功夫关心生出来几个。万一那个女孩也是咱家的呢？"林嘉铭的妈妈开始絮叨不止。

"好啦好啦，改天我看见了那个女孩子再去问问。"林建业打断妻子的话，抬手关了灯蒙头睡觉。趴在门外偷听的林嘉铭的心也暗了下来。难怪之前父母对自己的态度一直时冷时热，不管表现得多么好都不相信自己。原来是怀疑自己不是亲生的，并且还有可能存在着与自己分享同一个家庭的人，嘉铭突然恐慌了起来，这种巨大的恐惧感是他之前从未体验过的，自己将要被夺走的不止是玩具、房子，还有父母。

五

"嘉铭，嘉铭。"回寝室的路上莫珊叫住走神的嘉铭，"你在想什么？"她还沉浸在那个吻带来的喜悦中，脸上的红晕还没褪下。

"我在想，下周末带你回家吃饭。"他换上了一副笑意盈盈的表情，温柔的揉着莫珊的头发，"明天晚上，是元旦欢庆晚会，中心广场会放烟火，我们一起去看吧。"林嘉铭第一次发出主动的邀请，使得莫珊有些受宠若惊。

"这算是约会么？"她强装镇定，心中的坚韧已经开始动摇。

"嗯，算是吧。我有礼物送给你。"看见女生愉快的表情与弯下的眉眼，似乎连那道伤疤也被柔化。他不禁揽着她的腰使莫珊更加靠向自己，他用下巴抵着她的头顶，亲昵地对她说："我有话要告诉你。"

期盼中的时间总是煎熬的，但莫珊也等来了这一晚。她第一次用积蓄买了瓶昂贵的粉底液试图遮盖掉伤疤，破天荒的买了裙子来盛装赴约。林嘉铭在烟火的闪耀中看不到她侧脸的狰狞，他眼中剩下的只有莫珊被火光耀亮的眼神。

他在震耳欲聋的轰响声中俯下身来对莫珊说："亲爱的，陪我走走吧，我要告诉你一个秘密。"

他牵起她的手，带她走向一处人工湖，火焰的光芒倒映在水面上，闪闪发亮。那些闪耀的粼粼波光倒映成女生眼里璀璨的星星，她热络地挽起嘉铭的手，很久没有这般主动过。只有离开别人的注视，在黑暗里她才能重拾自信，觉得和身边的人真正的像情侣一般。

林嘉铭停在一处有着低矮围栏的地方，视野里是一个大的斜坡，但拥有最好的观赏视角，能从茂密的树丛中获得一隅观看焰火的天空。

"我在人群中找了你很久。从我知道你存在的那一刻开始，就注定了我们要在一起的结局。"他突然开口，说着自己从未说过的话，即使觉得别扭，但是也要努力将语气调整得温和流畅，这么蹩脚的情话，被他说得像是酝酿许久的苦涩告白。

"是吗？"莫珊将信将疑的发问。她盯着他游移不定的眼神，以为是害羞作祟。

"嗯。"他点点头，从喉咙里发出一个肯定的音节，仿佛是下定了决心。

莫珊不喜欢林嘉铭，在这之前是，现在还是。之前一直觉得他是傲气的纨绔子弟，将感情当作游戏玩弄于股掌之间，莫珊喜欢平庸谦和的人，因为那样的人值得依靠且淡定安心。关于自己与林嘉铭相像的流言也是自己暗中放出去的，为了吸引暗恋的学长注意到自己，不管是用什么样的噱头，总算是将自己的名字传到了他的耳朵里。不过后来她等到的不是暗恋的人，而是引起了林嘉铭死对头的注意，为自己招致了不幸，这样才将两个原本没有任何关系的人连在了一起。

莫珊吃准了他是胆小怕事的人，不会就这样丢下自己不管，一定会想尽办法封住她的口，不然下一个被划花了脸甚至更严重的，一定会是林嘉铭。她本来就不漂亮，孤僻的性格更是不讨喜，原本是雪上加霜的事，想到这里反而有了转机。

很久前就听说过林嘉铭的父母开了一家公司，收入可观，即使最后不能嫁给他，也能从他身上收获不少，而她脸上的伤痕，是牵制他愧疚一生的杀手锏。爱情对于她现在的情况来说，已经是遥不可及的奢望了，跟什么样的人在一起，自己是否喜欢已经不重要了。

六

"林嘉铭。"她扬起脸，在微弱的光线中伤痕和红晕一样被遮挡着。

"嗯？"看着背靠着栏杆的女生，他突然开始微笑，那种笑是发自内心的喜悦而不是牵强生硬的表情。莫珊从来没见过林嘉铭心情这样好的时候。

"珊珊！"越发的甜腻起来，好像是吃了蜜糖，连言语都不由衷的渗透着甜味。在莫珊的印象里，除了小时候母亲这样叫过自己外，再也没有人用这样宠溺的称呼了。她不禁的开始重新审视起这个和自己朝夕相处的人，考虑着是否要投入更多一点的感情。

她羞赧的转过身去，林嘉铭在背后俯下身贴近她的耳侧说了声"谢谢你"。

"谢谢你，让我找到你。"

莫珊还没明白过来这句话的意思，便被身后的推力掀到了栏杆外，她来不及质问林嘉铭为什么要这么做，她甚至来不及抓住什么阻止自己沿着湿滑的斜坡滚下去，几乎一瞬间，头撞在了坚硬的石头上，当感觉到温热的鲜血伴随着痛感袭来时，身体已经坠入了冰冷的湖水中。

站在一旁的林嘉铭一直等到莫珊完全沉下去再也没有生还的迹象时，才换上惊慌失措的表情，奔向人群。然而烟花炸裂时的声音太大，每个人都只看到了他张皇奔走的身影，而听不见他大喊的"有人落水了"。

他刚才说给莫珊的话其实并不完整。他想感谢的是命运让他找到了莫珊，但他要的并不是幸福的承诺而是死亡通告。

他现在的心情就像是刚从医院出来，撕掉自己血型化验单时那般轻快。B型血。而父母都是A型血，这代表着什么显而易见。那晚父母在房间里开玩笑的话至今在他耳畔回荡，这一刻，长久以来的压力烟消云散。付出了那样多的精力，总算是除掉了最大的障碍。从一开始，他就没有打算和莫珊长久的在一起。

"不能怪我狠心，而是你太过于贪婪。我以为你在奢侈的感情面前会知难而退。现在的你已经威胁到我的一切了，所以我不得不这么做。谢谢你轻易地让我找到你，在他们发现你之前，就让你消失掉。"

他深谙父母的脾性，如果真的发现莫珊是他们的女儿，一定会将大半的家产分给她，并且极有可能让自己与莫珊结婚，他的一生将要被这丑陋的女人毁掉大半。现在就算他们发现了什么，往日鲜活的家产继承者已经变成了一具毫无声息的尸体，再也不会有人威胁到他了，再也不用害怕着什么，只要装作女友不慎失足落水悲痛一阵子，一切就又重归安宁了。

七

　　林嘉铭上初中时学校里开设了生物科，为此林建业买了一套生物百科全书送给他，有一页被年幼的林嘉铭折了起来。书上的原话他已经不记得了，大致的意思是，自然界中，为了获得雄性生物的保护，孩子才大多长得像父亲，不仅延续了血缘关系，还维持了内部稳定。即使面容不相似，在刻意模仿了一举一动、说话穿着时，那种比与生俱来的相似更加逼真的痕迹便烙印在了他的身上。

　　他不需要镜子里的人来取代他的位置，如同孩子般的占有欲，一分一毫也不肯相让。如果抹杀掉真相，作为冒牌货的自己完全能够顶替原本能接受自己获得的一切的那个人。从前他羡慕过恩爱有加的双胞胎，能够一起玩耍做伴，不像自己孤身在偌大的房子里度过童年，当他的这种孤独被害怕所带来的恐惧占有后，这种想法就被他远远地抛在脑后了。

　　他只想当独一无二的。不双。

灰　涩

文/黄意

园，我很喜欢雾色的浪漫。

你应该知道，阳光好得就像在企图把你的心催成棉花糖，我的馨黄色短衫在窗外漂泊，有些疯了，在这么遥远的国度，多希望你就这样出现在我面前，告诉我你爱的人依然是我。

不敢细数别离的日子，我害怕寂寞，却不可以……

我知道立夏爱你爱得不得了，这种爱真是超越了我们12年的友情。仅仅因为你的出现，我们之间的感情就像玻璃一样，让人忍不住泪流成河。我们什么都可以分享，如果是立夏我什么都可以给她。在你没有出现的时候，我们常常手挽着手，树熊一般坐在人来人往的街口，那里的安静，有立夏在身边的安静……我不是一个很冷静的人，我喜欢玫瑰色的幻想，我总是问她："立夏，立夏，你会喜欢让人身心俱疲的爱情吗？"她只是转过头，目光比月色寂寞。

我一直觉得立夏的美是因为她的执著，她执著于自己的感情，这样的立夏，让人很难不去靠近。我相信，立夏是不会告诉你这些的。我们从幼稚园开始，从我们被各自的父母牵着手站在幼稚园门口的一刻，从目光对峙的一瞬间，然后顺着人流冲散，我回过头去看她，她已经不见了。后来我渐渐长大，我才发现那时的她这般地冷峻，让人难以抗拒的气质。我终于穿上最珍藏的亚麻色连衣裙，我让妈妈梳两个漂亮的辫子，缠上蕾丝头花，来到幼稚园，我剥了一颗糖，对立夏说："来，我帮你放到嘴里。"于是，在别人的眼中，我们建立了一种友爱的关系。

立夏有着一段不美好的记忆，她总是在睡着的时候喊妈妈呢，妈妈在哪里？她不肯告诉我她经历的事，她诓骗我和她自己，她以为她的记忆是在来到这个城市后才建立起来的。

现在，园，让我来告诉你我们的成长。

六岁的时候我往立夏的牛奶里加盐，结果她眉头都不皱就吃下去了，我既不是出于病态也不是由于邪恶，而是出于对立夏冷峻的实验，总之到现在为止，这是我记住的唯一罪过。

日子过得飞快，她差不多12岁了，我们的儿童时代过去了。那个时候春意渐浓，我第一次深深地感觉到萌动的心灵，在和风中在发隙间落下的一抹月光里，谁能说这样的年龄这样的季节这样的懵懂，不是最令人向往的？

园，你也一样吧。

我告诉立夏昨晚我看到的月光，她说听昨夜的风像有人用手在叩打门环……

立夏也一样，和我同时感到我们不再是小时候的模样了，我们仿佛在思念着谁，各自心里的谁，谁呢？直到现在，园，我没有想到我们思念和等待的会是同一个人。

15岁那年，我和立夏开始喜欢穿粉白的尖领子衬衣，衬衣的背后，隐隐地透着花边小背心的轮廓。每天傍晚放学，走到巷子中的那块糖一样的阳光边缘，我们手拉手回过头去张望，眸子里，忽闪着成长期的敏锐翅膀。就在这样的幸福快乐中，我和立夏找寻着童话故事里的主宰者。我们还曾经打过一个赌，我说一定是我先找到他，立夏只是冲我微笑，她望着远方昏黄的色彩，夕阳渐渐坠落下去，温柔地坠落下去。立夏开始喜欢上读诗，她冷峻的心被思念和等待融化，这一切不露痕迹，如透明的蝴蝶翩翩起飞，可是蝴蝶会不会飞不过沧海，彼岸花会不会等不到渡船的人前来？不，酷暑也好，寒冬也好，思念永远温暖如春。

"17岁了，你要准备好去处理数不清的爱情纠葛。——弗朗索瓦"我捧着书，"立夏，立夏，爱情会让我们很苦恼。"

立夏倚着窗口，"我的掌心有一片海，海洋里的那尾人鱼说'爱的帷幕已经轻轻拉启'。小满，小满，你相信吗，我思念和等待的人他就要出现了！"她忽然双手合十，深情地望着我。我输了，那个赌，我羡慕，不，开始嫉妒……

嫉妒者所承受的痛苦比任何人都大，她自己的不幸和别人的幸福都使她痛苦万分。

"立夏，你要加油哦。"我却笑了一下。

上学的路上，挤车的当口，迎来的已是煮熟的阳光。

然后，立夏和我遇到了你。不知是哪个女生喊了一句"立夏"，我们同时回头，两个女孩子同时回头，这让你也分不清了。园，我喜欢这么叫你，会觉得好幸福好满足，虽然我知道你的名字龙泽园。日本人，你是一个日本人！我并不是讨厌日本人，只是立夏捂着胸口，剧烈的喘息。她对你一见钟情，你也许不相信这个，但是立夏是执著的，她的美正因为她的执著。还记得我说的她的那段不美好的记忆吗？她总是在睡着的时候喊妈妈呢，妈妈在哪里？你不明白为什么她会这样的吧，你不知道这女孩子受了多大的苦。那让我来告诉你，她，立夏的心被玫瑰刺痛。血一般红的玫瑰，在花茎上横着的刺，骄傲地摆在那里像在宣战"你想怎样"一般横竖摊在那里，立夏受到伤害了。我拉着她逃离你，她没有什么反抗。

"立夏，你等的人终于出现了。"

原来寻找的理由像夏天残留下来的一片玫瑰花瓣，叫巫婆拾去炮制毒药。连带她那海蓝色的期许和玫瑰色的幻想，一起被倒入锅炉，浑浊的液体冒着气泡，粘稠、腥气。最后我只听到巫婆在炉边狠狠地笑！

我相信我和立夏是心灵相通的，我此刻的心也变得好痛，真的好痛。

"小满，小满，你痛吗，痛吗？"她搂着我的脖子。

"我痛，真的好痛。立夏，是因为你吗，因为你在痛啊！"

"小满，那个日本人，不，龙泽园，我知道，人鱼告诉我他是我一直等的人。可他是个日本人！小满，我该怎么办，你告诉我，我该怎么办！"立夏扑倒在我怀中，她不争气地掉眼泪。

立夏，你才应该告诉我我要怎么做。我要怎么做才能让你不痛？

"立夏，你听我说。谁能说龙泽园一定是日本人呢？他是个转校生，这是他自取的名字也说不定啊，而且他的中文说得那么好。"我用力摇了摇她。

她刹那间停止哭泣，这么望着我、望着我。我的眼眸都要被她望穿了，如果她看到我心底对园的一点点动摇，那……

"扑哧"，立夏笑了，小孩子一样。

"你脸红了。"她拉拉我的脸。

"不要啦，会变成大饼的。"我拂去她的手。

园，立夏曾经求我永远都不许告诉你，可她自己却违背了誓言。我不要再替她保守了，这个被揭穿的秘密。

立夏那段不美好的记忆总是左右着她，可她是执著的，她爱你这是不变的事实。她觉得她爱了你一百年了。如果不是因为你是一个日本人，她早就站到你面前，亲口说她爱你。可她不能，立夏发过誓的，她不能。

青春的秘密膨胀很大，但又需要紧密细致地包裹，一不小心的外泄或许都是伤痕。

我说过我不是一个冷静的人，我甚至很冲撞。

立夏来找我的那一天，下着雨，雨水打湿她的脸庞，她的头发粘在两颊上。我们站在门口，就这样淋着雨。我看着立夏大口大口喘气，她忽然跪下来，抱住我的腿。她大喊："小满，求你救我！"在雨水倾泻的声响中，她的话显得那么渺小和无助。我愣愣地站在那里。

"立夏，我说爱情会让人很苦恼。"

"小满，园要离开这里了，他不再喜欢这个城市，我求你留下他。我求你……"

什，什么，园你要走了吗？我甚至没有好好地看过你。不，那是立夏的，那本来就是立夏的，我不可以……

"你去找他，去求他，你代替我。从现在开始，你是立夏，我是小满。立夏爱园，她应该去告诉他，让他知道！"

这么说来，我可以正大光明地去爱你了，园。

出卖了自己去爱你。

"我答应你，立夏。"我低下头，摸着她湿润的眼睛。

两个女孩子同时回头，园你一定分不清谁才是立夏。直到有一天，一个女孩子在你家门口拦住你，对你说她爱你，你才发现我是立夏。你立刻抱住我，原来你爱立夏爱了这么久。

你不走了，因为我还是因为立夏这个名字，你爱上的立夏是不是那个躲在暗处偷偷看我们幸福看我们快乐的女孩子？这个结越来越近，我终于分不清梦想和现实，如果园爱的人是她，我愿意做她的替代品。

可是园，我好好的看了看你，你好漂亮。请原谅，我不会夸男孩子，我只能用漂亮来形容你。

你的白衫领子总是立着，你还特愿意穿那双帆布鞋。你的卷发温柔地披在额前。我不敢看你的眼睛，我害怕它会看穿我为立夏保守的秘密。可园的唇好美，好温柔。每次仰头第一眼望见的便是园的唇。那一次我的手不由自主了，碰着它，抚着你的唇，你抓住我的手，我有些慌张。结果你却把头稍稍探下少许，你亲吻了我。

"立夏，我喜欢你。"园，你说出这句话，好刺耳，你明明叫的是——立夏。不，我不是立夏，我是小满，是喜欢幻想浪漫的小满。我睁开眼，差点喊叫出来。

我不敢，我害怕，谎言戳穿的一刻，目睹你的动作。我也不愿伤害立夏，所以我只有硬着头皮，在谎言的泥潭里踽踽前行。

园，我没想到我和立夏等的会是同一个人。

立夏的心痛到麻木了。她终于支撑不下去，晕倒了被送往医院。

病床上的她，还是喜欢读诗。我静静地守着她，她望望我，又摸我的脸，她说："小满，我把自己锁在一千道门里，却把一千把钥匙都交给你。"

我落下泪来，握住她的手贴在我的脸颊："立夏，再浪漫的风也无法把落花重新吹成花蕾。答应我，别再欺骗自己，我是小满不是立夏啊！"

"小满，我可以吗？我可以是立夏吗？"她望着空白的墙壁。

"你可以，你本来就是，我从小认识的那个执著的立夏。你应该去告诉园，告诉他你才是立夏！"

"你不爱他吗？"

她的话让我颤抖，我终于逃不过立夏的眼睛，只要我想什么她一定会知道，立夏还是发现我们爱了同一个人。

"我并不爱他，我认输，到现在我等的人还没有出现。"不，我爱他，我好爱他，我为什么要说出这样的话？

"小满。你骗我！"

"我不想再做你的替代品了，这个理由可以吗？"

"如果你真的爱她，我也不会放掉他。我会说的，我要一口气说清楚，说你不是立夏，说我才是立夏。我不要再管什么誓言，那不是一切的仇怨，我只知道我爱他！"立夏执著于自己的感情，而对别人给予的感情视而不见。

"你说吧，你早该说的。那时也许我还没陷那么深。"我背过身，努力控制自己不要再哭泣。

园，我觉得我要失去你了。

立夏的病很快康复，那段日子，我没再见园。我只等着宣判。立夏真的去找了你，一个女孩子哭着说她爱你，比我还爱你，并且她带着"立夏"这张牌，你会变成怎样呢？

我是从什么时候开始觉得天空中有一个城堡，城堡里的人们都爱了谁却尝遍苦楚，他们没有办法去改变，也不愿意没有结局的童话。他们清楚地认识到，自己的存在只是让王子和公主过不上幸福快乐的生活。他们不是天使，也做不成魔鬼。因为爱了谁，他们的心曾一度被那个他们所爱的人占据。所以天空中的城堡收容了这些无奈的心，一颗一颗画上标记，挂在最古老的榕树上。

园，我仿佛看见我的心，它那么鲜亮。

我可以忘记你的，对吗？在那里，在天空中的城堡里，和这些人们生活在一起，我的心已经被榕树珍藏，那么我会渐渐忘记你的，是吗？

你知道吗，园，我现在才发现。心是最大的骗子，别人可以骗你一时，可它却可以骗你一辈子。

我要走了，园，去那个遥远的国度。

我不想再说爱这个字，它让人背负了一世的伤。也许从我成为立夏开始，这美好的爱就注定要破灭，因为它是一个充满天真的骗局！

我17岁的时候，和立夏同时遇见了你并同时爱上了你；

我18岁的时候，成为立夏，光明正大去爱你；

我19岁的时候，一个人拎着行李，前往巴黎。

园，我听说是立夏先亲吻的你，是她先搂住你，是她踮起脚尖，去碰你的唇，你碰过我的唇。你什么都不用做。原来一切都是真的，你爱的人是立夏，不是我……我知道，从一开始，这个骗局终会化作一场注定我会输的棋局。对不起，园，我骗了你，是我对你们有所亏欠。

现在，让我把最后一件事告诉你，在你面前我不想有所保留。

我说过立夏有一段不美好的记忆，因为这段记忆，她让我代替她去爱你。可现在她不必再害怕，有你在她身边，她已经割舍了。

立夏的妈妈，死了。在她还只有两三岁时，她们的城市来了很多日本人，他们说前来挑选女工。立夏的妈妈心动了，立刻去填了单子。她是美丽的，她的美丽吓坏了日本人，也许他们从未见过如此美丽的女人。他们笑，很快乐地笑。那天晚上，他们闯进立夏的家，把她的爸爸捆绑起来扔到路边，他们七个人抓住立夏的妈妈，一个一个的轮流……立夏就躲在床底，她哭，可不敢哭出声，她只是听着他们用他们的语言说话、笑、喘息。立夏的妈妈被他们压迫着，他们七个人，立夏记得很清楚，七个人，只留给她的妈妈一点点可以呼吸的空间。他们很晚才走，立夏的妈妈看起来已经没有力气。她的衣衫凌乱，身体淤青，她这么躺着，望着空白的墙。立夏从床底爬出来，她碰了碰妈妈的手，她说："妈妈不痛，夏夏呼呼。"

立夏的妈妈摸了她的脸颊，真实的触感，她哭了。她摸着自己散落的头发，她不知从哪里来的力气，跑出家门，在城郊的桥上慢慢的坠落下去。人们只是在寂静的夜晚听见有什么掉入河中的声音，随后是立夏嘶声力竭的"妈妈"。一切都结束了，他们再也找不到那群日本人。

园，立夏多可怜。她那么小，只有两三岁的时候，她的心底就被这样的灾难覆盖，她开始不说话，直到变得冷峻和执著。

现在你知道她的所有了，你好好地去爱她吧，把你所能付出的全都给她。我想她比我更需要你的爱。

你不用担心我，我会活得很好，比你们都好。我已经学会了法文，在那里的学校上着学，打工养活自己。我发现巴黎真的很浪漫，我很喜欢这样的城市。园，我可以渐渐忘记你的，是吗？时间都已经三年了，对着这些日子深思的时候，有一些凝重的滋味，就从我身体的某个部位，渗透出来。趁着眼里还有泪，我要把歌唱好，把爱藏到云上，然后看大雁一群群地飞过……

美丽时光走丢了

文/温暖

另小维，另小维。

苏泽习惯在清晨的6：30把单车停在我家楼下大喊我的名字，尚在洗漱的我便会匆匆奔到他面前，接过他手中一早买好的水煎包，跳上他的单车，然后没形象的开吃。

冬天我赖床又丢三落四，常常下了楼才发现自己忘了防寒装备，这时候苏泽总会脱下围巾帽子甚至外套戴在我身上，然后说迟到了快上车。

我啃着水煎包看着他裸露在风里颀长的颈被吹得干白，我心疼地环住他的腰，把头靠在他微热的背上。

——苏泽，苏泽你不要对我这么好，好不好？否则如果有一天你不对我好了，我会很不习惯的。

——你不会不习惯，另小维，我会永远对你好。

『一』

苏泽自一群顽劣小孩的围攻中救出13岁的我，身材瘦小到不及小学生。我是独生女，没有百般宠溺保护自己的兄长，所以每当我攒够钱抱着麦芽糖孤零零地走在回家的路上时，都会遇到那群脏兮兮霸道至极的男孩子，面目狰狞的拥上来撕抢我的麦芽糖，去讨好他们在一边加油助威的妹妹。

苏泽就是在他们雨点一样密集的拳脚砸满我身体的时候出现的，他拽开人冲进黑暗的"包围圈"，我顿时觉得世界有了一束光，是他破光而来。

苏泽和他们厮打起来。比起同龄人他单薄很多，但是对付小学生却是绰绰有余。很快他们便退后，带着瘀青一起虎视眈眈地瞪住苏泽。

苏泽挡在身前，张开双臂微微屈膝，摆出进攻的姿势，傍晚的斜阳把他的影子拉长到完全覆盖了倒在地上的我，他的背影单薄却孔武有力。僵持须臾，他恶狠狠地开口：

"听好，她是我妹妹，不准你们再碰她！"

小学生们四散逃开。

苏泽扶起我，弯下腰为我拍打灰尘，"小妹妹你没事吧？"

我不说话。苏泽疑惑地抬头，对上我的目光，他淡褐色的瞳中闪过一丝惊异，他说："呀，是你。"

截至那一天我与苏泽已同窗七载，熟悉彼此的容颜却从未说过话。

而陌生，也截至那一天。

那天起，独生子女的我们不再形单影只，我们结伴摆家家、上放学、写作业，亲密无间。

很久之后，当这座城市到处耸起了高楼大厦，我依然可以轻易在看得见夕阳的地方找到苏泽，听他亘古不变的问题。

——另小维，是不是我再也看不到那天一样的夕阳，可以照红你的脸。

『二』

高一，我还是黄毛丫头模样的时候，苏泽已经蹿出了骇人的挺拔，轮廓亦一下子分明起来，以至于我每天看到他推着单车逆着光笑着走向我时都会不觉的愣掉，恍惚中有全世界因此失色的错觉。

临近期末考，夜晚苏泽照常在我家与我温习功课，对坐在餐桌上，中间摊满了笔记作业。苏泽的背一向挺直，钢笔在他粗长的指间显得很细小，他的头微微偏左，遇到难题就转着笔把眉间蹙出一个"川"字，牵起漂亮地鼻翼与轮廓柔软的唇。

原本是抬头问问题的，却一下子忘了初衷，只能呆滞地看着他。这个苏泽，什么时候变得这么好看了。

彼时，苏泽愕的看着我："你怎么了，脸这么红？"

"呃……"我说，"苏泽，我想吃麦芽糖。"

苏泽笑笑，伸手揉揉我的头发，起身穿好外套，"我去买。"

"很晚了你小心。""嗯。"

关门声。我长吁一口气。

把麦芽糖递给我时，苏泽温暖的笑靥掩饰不住他眼里的惊恐。

而翌日课堂上警察破门而入说："请苏泽同学跟我们走一趟。"

一直到同学们相继摇头叹气说"苏泽你完了！苏泽你真可怜"后我才知道，那晚他买麦芽糖的路上撞见了校园帮派群殴，因为有人住了院，警方介入并请唯一目击的他协助调查。苏泽不想沾染他们，无奈之下随便指了个看似最乖巧的男生，可人算不如天算，男生竟是学校里臭名昭著的大王的弟弟。

男生经过苏泽时狠狠咬出了句："你等着。"苏泽不以为然却真的从此陷进了水深火热里。

下课或者放学总有不少人前来围攻苏泽，而此时苏泽已经是冒出胡茬的壮硕青年，他总是把书包和外套一起丢给我说，你站远点，然后开打。

我和苏泽成了医务室的常客，但闹事的人也从未好到哪里去。

狡猾如他们，开始转而攻击与苏泽要好到如若一人的我。

课堂上苏泽回答问题，我却在中途狼狈推开教室门喊老师报告，仅一个课间却生出的满身污渍引来了全班人的目光与阵阵议论，慌然回位我撇见苏泽正看着我，欲言又止。

"苏泽，把你妹妹的情况向班主任反应一下。"老师说。

"是。"

"另小维，怎么这么粗心，上厕所都能摔跤。"

"呵呵，谢谢老师关心。"我受宠若惊地挠耳，老师说再见。

拍拍在门口等我的苏泽说，"走了。"

只是一个错身的时间，苏泽突然反手将我拉进他怀里，力气大到像要把我按进他的心脏，我能感觉到他愈加灼热的体温，声音却异常疲惫。

——另小维，我该怎样才能保护你？

我想说我不怪他，我不想他为我这般揪心，可是他抱得那么紧，我的五官都紧贴着他，发不出声音。

关门声。苏泽连忙放开我，神情紧张的盯住茫然看着他的班主任。

空气凝固了，随后是老师和蔼的笑。

——苏泽，这么疼爱妹妹就应该好好照顾嘛。

『三』

那次之后原本亲密无间的我们更是形影不离，甚至我进洗手间，他都要站在门口再三嘱咐我快点出来。

可洗手间依然成了我的噩梦。

女生们昂着脸斜起眼逼近我，讥笑说"有种让你家苏泽进来救你啊"。

拽住我的头发，辱骂一声盖过一声，而即将落在脸上的巴掌却被凉水滴替代。

等我回过神时她们却成了落汤鸡，求饶声此起彼伏，水管边是一个大眼睛女生按住水龙头在朝她们喷射凉水。

她们的棉袄都湿透了，她终于拧紧水龙头，张着腿双手叉腰，骄傲得像一个战胜的女战士，声音大到能把天花板震下来。

"不许你们欺负我秦沫沫的男朋友的妹妹！"

彼时，虚掩的门开出一条缝，苏泽的手伸进来，打着手势示意我悄悄溜出去。

坐在单车上我们一路大叹莫名其妙，苏泽笑说他听到秦沫沫的话偷瞄时，才发现已经不用他出场了。

——苏泽，你认识秦沫沫吗？

——从未听说过。

秦沫沫是隔壁班的。得知这个是在一个课间。

我告诉苏泽妈妈煮了他最爱的饭菜，话说到一半却被门口的叫嚣淹没。

"苏泽，隔壁有个可爱女生自称你女朋友，正大闹课间呢！"

好奇心把我和苏泽带到现场，然后惊愕地看秦沫沫是怎样让笔盒课本络绎飞向那些顶撞她的人："苏泽为了保护我才一直沉默的！"

面对如此好看的眉眼，恍悟的"噢"声声入耳。

我看住苏泽，他低着头，额前的刘海遮盖了眸。

彼时，他已揽住秦沫沫的肩，在此起彼伏的尖叫中淡淡地笑，他的声音轻盈却异常刺耳："老婆，天凉了记得加衣服，还有，不准别人做你的出气筒，我会吃醋的！"

我分明看到秦沫沫的眼眶通红了，她呆滞地盯住苏泽，他们对视，苏泽眼底的惊异与不知所措蔓延开来。

苏泽打破了回家路上的沉默，"这下子，那些人应该会转移目标了吧。"

——苏泽，你不觉得，这样对待秦沫沫，很过分吗？

——另小维，能够保护你，我做什么都可以。

·

『四』

清早，秦沫沫站在我的教室门口，神采飞扬地抱着两份便当，看到我和苏泽远远走来，她的眼眸一下子弯成了月。

把便当塞给我们，秦沫沫开始滔滔不绝自己是如何凌晨爬起来把家里弄得鸡飞狗跳才整出它们的。苏泽笑着接收，然后在转身的刹那皱起眉头。

久而久之，我竟同情起这与我拥有相同心情的女子来。

漆黑夜里，苏泽把单车停在我家楼下，揉揉我的头发说快上去吧，然后踩下脚踏板离开。

"也是，"苏泽若有所悟："那好吧。"

可是苏泽大概永远也不会知道，当翌日独自走在回家的路上，无论双脚多么急促的交替，不安的感觉终究打败了理智，操控住我的行动。

我回到学校，隐匿在不远处偷等苏泽。我要踩着他的影子回家。

看到那群阴魂不散的坏蛋提着棒子气势汹汹堵住走廊上的秦沫沫，苏泽闪进了一边的角落里。

"……我们可没有生事癖，如果你在此否认你和苏泽的关系，现在就可以走了！"

灯光下他们手中的木棒的剪影把秦沫沫的脸色切割成明暗分明的长

条，丑恶的笑声荡漾在夜晚安静的校园里。秦沫沫面对他们，咬着唇死死不说话，倔强而坚定的眸光穿透黑洞洞的剪影，一下子黯淡了头顶的灼灼白光。

"啪。"响亮的耳光打破了僵持，秦沫沫一个踉跄倒在地上，来不及动弹一只高靴已然立在了她的腹上。

"看你是女的给个机会给你，你他妈别真把自己当回事儿！"人群里站出的小太妹双手抱胸："愣着干什么，还想不想在这儿混了？"

秦沫沫恐惧却依旧倔强的目光和他们晃着木棒缓缓挪步的样子像特写镜头一样被不断放大、突出，想起秦沫沫救我时的英勇，我站出来脱口而出："住手！"

然而我的声音被覆盖了。

被人用相同的语言、语音、语调覆盖了。

这声音我侵神入骨的熟悉。

苏泽站在我的正前方，我踩在他长长的影子上发愣，脑袋里空无一物。

接下来的场景我极为熟悉：男生将女生护在身后，几句言语挑衅，男生便把外套扔给女生，"你站远点！"然后冲进人群厮打起来。

女生在一旁环抱住男生略带洗衣粉香的外套不停跺脚，虽然担心与紧张布满全身，甜蜜和幸福依然可以让她不经意的弯起嘴角。

男生三下五除二撂倒一群人，无视自己被扯开的领口与满身污渍，转过身对女生笑，优雅的鼻翼牵起柔软的嘴角，露出皑皑的白。女生却不为美少年所动，拽起他的胳膊拖向医务室。

可是秦沫沫没能把苏泽带进医务室，因为苏泽没有对她笑。苏泽一结束战斗便奔向秦沫沫，利落的抽回自己的外套用另一只手抓住她飞速跑去楼梯，跑去那一片骇人的黑暗里。

等我追上去，苏泽已经握着他的单车把，与秦沫沫面对的伫立。

头顶微弱的暗黄灯光映出两人好看的轮廓，如果不是苏泽的大呼小叫，你会觉得你在偷看一幅色调温暖的少女漫画。

——你怎么这么笨，明明一早就可以走了！

——苏泽，能够因为你受伤，我很骄傲啊！

原本无力的灯光一下子变得暧昧，女生笑出声来，男生轻轻摇摇头说"上车吧我送你回家"。

『五』

辗转反侧，她为他挨打，他挡在她身前为她打架，灯光下的对话，并肩走在静谧的马路连单车都显得多余……一幕一幕犹如留声电影般，不停地在我的眼前播放，反反复复。

明天还能去厚着脸皮要求苏泽送我回家么？

也许有些东西，已经在细微里，万劫不复了。

偏偏一切都没有变。

洗漱的时候苏泽的声音准时在楼下响起，我飞奔下楼接过水煎包听他说迟到了快上车然后坐上去。

唯一省去的细节，苏泽没有脱下他的帽子围巾或者外套给我。

因为立春了。

我亦再没为昨晚的问题劳神费心。单车上，苏泽的语气轻快如同我晃动的双脚。

——另小维，晚上我还是可以送你呢，秦沫沫的舞蹈队训练，十点半才放学。

——是么，真好。呵呵。

明明已经达成了愿望，明明一切都没有变，却总觉得失了什么，在看不见的地方把心扎得生疼。

日子波澜不惊的继续，秦沫沫过生了。

周末，浑浑噩噩的起床洗漱吃早饭，浑浑噩噩的想下一步做什么，然后听到了楼下苏泽的声音：另小维，另小维。

苏泽拉着我一路奔向学校："还记得学校对面那家豪华饭店不？就是门口停满黄包车、我们约好要认真念书考大学赚大钱然后天天去吃的那家，秦沫沫包了一间，正等着我们呢！"

三人围着圆桌，消耗着桌上琳琅满目的佳肴，我们聊起了秦沫沫双双定居美国的父母，聊起了她富裕的家境，聊起了苏泽持续下降的成绩，聊起了我们已经习以为常的被骚扰。

"可是，一直这样下去也不是办法，"秦沫沫说得很无奈，她抬起头盯住苏泽，"爸妈已经催我出国好几次了，我们一起去吧。"

苏泽的手顿了一下，他瞄瞄秦沫沫，然后继续埋头吃菜。

"你爸妈也同意了，他们很高兴！"

"……谢谢。"

我愣愣地看着他们，像个局外人。

却像什么也没说过一样，苏泽依然每天清晨6：30出现在我家楼下，给我水煎包载我上学，晚上放学送了我再转回学校接秦沫沫。三不五时受点骚扰，只是重心已由我和苏泽转为秦沫沫和他。

毕竟秦沫沫是当面得罪他的人。

高一结束了，我和初中同学们成群结队的郊游，下午到家，妈妈说："苏泽一刻钟前来跟你道别，他要出国了，真是出息！"

奔到刚完工的机场，苏泽正在候机厅里向我挥手。秦沫沫坐在椅子上睡着了。

苏泽揉我的头发，把眉间蹙成"川"字，一脸担心地看我：

——小迷糊另小维，早上记得要提前起床，在家吃饭。

——嗯。

——公车站出门左拐，走完那条小巷向右看，14路，别记错了。

——嗯。

——还有，一直都想告诉你……苏泽弯下腰，把唇贴在我耳廓，以极为熟悉的方式开口：别吃那么多麦芽糖，对牙齿不好。

——哦。

开学后，坏孩子们越发不可一世，他们反复地提起苏泽，用以告诫每一个人得罪他们的下场，被逼转学。

可是校园里八卦那么多，苏泽和秦沫沫的下场很快被某某女生甩了某某男生因为喜欢上他的朋友，某某男生为某某女生和他的朋友反目成仇，诸如此类的传闻覆盖。

直到期中考试后校门口那张长长的光荣榜被换掉，苏泽的名字再没出现过。

转眼教室里的高考倒计时牌由两位变成个位，我却依旧不死心地想：如果我掀翻摆满昂贵菜肴的餐桌说苏泽是不会出国的，如果冲上去解救秦沫沫的是我不是苏泽，如果我可以勇敢的自己面对在洗手间围住我的人群，如果，如果那晚苏泽问我为什么脸红，我就站起来大声回答"因为我喜欢你"，而不是怂恿他出门的话，会不会现在他仍坐在我对面，做那厚了三倍的习题，蹙着眉转着笔，偶尔抬头看着我，说"另小维你渴吗"？

『六』

最后一次走出考场，却不见次次挤在最前、满目焦急的父母，我穿梭在越来越稀疏的人群，"意外"二字不断徘徊脑海，拉紧我刚刚松弛的神经。

阳光火辣辣地烘烤地面，人烟散尽，我无措的站在校门口，低头间，眼泪几乎掉下来。

"另小维——"我循声望去，男生把拇指放进牛仔裤袋看着我笑，优雅的鼻翼牵起柔软的嘴角露出皑皑的白，阳光刺得他睁不开眼睛，他把手握成空拳放在嘴边："爸妈做了好多好吃的，在家等着我们呢！"

我丢下文具盒不顾一切奔进他怀里，我长得不少，可是他更高了，我踮起脚尖把下巴放在他的肩上，我像许多年前他抱我一样用力抱他，想要就此把他按进心脏，我说："坏蛋苏泽，你怎么回来了！"

他放下我："小迷糊另小维，我担心你贪睡迟到，担心你搭错公车，担心你吃麦芽糖吃坏牙齿，担心你紧张高考啊。"

我感动得说不出话，苏泽一直在笑，他伸出手宠溺地揉我的头发。

无名指间的戒指划痛了我的头皮。

八月的褪色

文/邢颖

　　当1999年的七月彻底要结束的时候，有几片绯红艳丽的云朵钻进北方黄昏的天空里。随后不久，它们又开始向茫远的苍穹之更深更远处蔓延开来。那轮夕阳是温暖柔软的淡红色，它泻下来的碎光从鳞次栉比的高楼的玻璃大窗里一层又一层地穿梭过去，然后像一颗塞满火药的饱满炸弹，完美得开裂、消失，不见了痕迹。

　　是的。你确实是仍旧能够记得起什么来，即使，你只是静静地，像一个与这故事毫无关联的陌生人一般站在这里。一些记忆在长满向日葵的山坡上疯狂地滋长，却又令人失望地、迅速地消耗干净，不留一丝余痕。于是你无法再去相信，更不能找得出什么来去质疑。

　　梧桐粗壮苍老的旧树干挺拔地立在小巷子的两侧，一簇簇的碧绿的树叶被风儿拂下来，暧昧地堆在一起，便成一撮儿厚实的小丛。她的目光甚至要把手指灼伤。那是只有女孩子才会拥有的手指，苍白、纤细、修长。那是1999年，回忆被无限地拉长开来。炎热的夏天连风都异常粘腻焦灼，贴在人的身体上，痒痒的，却无法挣脱。

　　1999年的夏天，有一种暗栗色的梦在夏日溽湿的空气里蓄势待发般地，爆破。留下满地触目惊心的，残骸。

　　是八月了。1999年的八月，像是一颗水晶一样鲜亮夺目，但是她内心知晓那是最后的一段时光了。一阵恍惚里，她听见一个女声，将这些话极其缓慢地说出来。她笑。先是咬紧了嘴唇，可很快地便裂开嘴巴微笑了。她就这样，神经兮兮地低下头来看草稿纸上的旧字旧画。除此之外，并无别的多余动作。只是这样。

一

我叫苏沐沐。我是很喜欢我自己的名字的，因此，不管你们爱不爱我，见没见过我，都请叫我苏沐沐。

我是狮子星座。马上要十六岁了。但我想，我是极像一只被主人无情遗弃掉的柴猫，一个人，总是默默地，不喜说话。只是，当每次努力睁开眼睛的时候，便看见一些新的陌生人从不同的方向涌过来、涌过来。她们都在离我不是很远的地方，她们是那样充满青春活力地欢笑、嬉闹，然后散开，不再回来。于是，我的世界便再度安静下来了，那种空荡的静寂并非常人可以忍耐，而我却已经孜孜不倦地坚持了整整四年。

有一个叫白楠楠的女孩子曾经无比认真地对我说："苏沐沐，你知道么，那些经常在深浓的黑夜才会出没的柴猫们，全都有着妖艳诡异的碧绿色双瞳，它们静静地、警觉地潜伏在一簇小丛林的暗处，不发出任何声响，只是异常敏锐地观察、闻嗅、聆听。你甚至无法想象，它们有多么敏感和孤独。"

白楠楠说完以后轻叹了一口气。她像一个孤独的小孩子一样轻轻地摇了摇脑袋，我看见她清澈的黑色大眼睛里，有一些怅惘低回的情绪弥散开来。它们仿佛一阵风、一缕烟，寂寞地回绕，发散，再找不到。

我略带失望地看着楠楠。其实，我能看得出来，她是一个内心简单的孩子。一个纯净而惹人心疼的瓷娃娃。她留着既完美又清爽的短发，有纯黑色的瞳仁，穿碎花的及膝短裙子，用味道清淡的香水，每当她快乐的时候，就会笑得眯起眼睛，然后直弯下身子来。

我是很羡慕她的。她不会遮拦自己的情绪和心情，透明晶莹的宛若一块质地纯粹的白水晶。在夏天的那种渐渐变成浅蓝色的阳光里散出美丽细碎的光芒来，温和得像要融化。

而我，却是一个古怪生僻的女孩子，在所有人的眼里，我是神经兮兮的，是奇怪冰冷的。我不愿意随便跟别人搭讪聊天，而且性子忽冷忽热，表情严肃淡漠。我也不会像别的女孩子那般，堆出美丽清纯的笑容以讨人喜欢。我在整个城市陷入安眠、所有人都熟睡的深夜，咕噜咕噜地喝一桶又一桶异常冰冷的矿泉水，打开电脑文档写作，然后把键盘噼噼啪啪敲得干脆响亮。

八月要来的时候，我给白楠楠打电话，我倚着卧室门，用头跟肩膀

泛
90
第十三届新概念获奖者翘楚新作精华
B
卷

把听筒夹住，然后低头对楠楠说："我需要写作，楠楠，我已经有太多的话，需要说出去，写下来。这一切，都已经无可救药地成为了一种习惯，一种内在的需要。如果再不写，也不说，我想我总有一天会烂掉、臭掉。"

我跟她说话的声音很低，很空茫，像是来自一个非常遥远的天堂。我写字，写一些有头无尾令人绝望的故事，然后照例喝生冷的水，把一个橙黄色的大柚子的厚皮扒开，一点一点把果肉吃干净。我是渴望并期待一个人叙述故事的，那种感觉，好像是一些场景跟事件，抑或一段时光，曾经在自己生命里或者梦境中，发生过。

1999年的夏天，我将要成为这个城市一只真正的柴猫。有着极其警惕敏锐的眼神，不可思议的嗅觉，令人难以置信的对外界的感知，却理直气壮地始终对一切保持着态度上的漠然。

我很安静地坐在教室角落的位置，前面有一些女孩子三五成群地谈笑、打闹。她们扎着各种各样的发型，用香水，偷偷脱下校服来穿美丽的蕾丝衬衣和柔软俏丽的短裙，她们像一个个童话里的公主，理所当然地拥着自己独特的资本，自信并且骄傲地等待着会有一些新的故事在未来的某一天里发生。而我，几乎每次都固执地选择教室最后的、没有任何人愿意挑的位置，用简单的黑橡皮筋扎高高的粗马尾，穿蓝白相间的难看的旧校服，用一些零碎的课间时间飞快地完成半份儿英文试卷，然后盯着窗户外面的鸟儿发呆。没有人会注意到我，只有白楠楠偶尔会从座位那边跑过来跟我说话，她眨着大眼睛，漆黑的眼珠滴溜溜地转动着，露出很善良的美丽笑容来。她噘起嘴巴，用手托着下巴，认真地说："嗯，苏沐沐，我知道的，你姓苏，叫沐沐，对不对呀？"

教室窗户外面是湛蓝如宝石的天壁。一些浅灰色的云朵稀稀落落地漂浮在上面，它们来回移动，变幻着角色和形状。一根墨绿色的2B铅笔被我很随意地插进旧笔筒里，写满数学习题的笔记本在课桌上摊开来。

我把头埋到很低很低，皱着眉头，听周围的喧哗吵闹，简直想要离开，永远都不再回来。但是我没有。我只是很理智地微笑。轻轻地，用右手的无名指和拇指捏住笔杆，试图写出一个像样的故事来。

我撕笔记本上花白的质感纸张，声音破碎却响亮，像是有一些未知的情节开始碎裂了，而一些人们，却仍然还在。白楠楠拉了一把椅子过来，她噘嘴，坐下。我听见她充满疑惑的声音，她对我说："苏沐沐，我知道，你叫沐沐。但是，你为什么，要用无名指来代替食指呢？我怎样都想不明白。"

我怎样都想不明白。是，我是不明白。

这时，我看见齐默彡从门口走进来，他戴一顶红色的棒球帽，帽檐下是一张熟悉而陌生的英俊的脸。

我移开视线，送给楠楠一个很健康的简单笑容："嗯，没什么，只是以前画画留下的习惯罢了。"

黑板上被白色的粉笔画满密密麻麻的公式和字母，它们横七竖八地像是要跳起舞来。我没有再说什么了，只是紧握着纤细冰凉的笔杆，一点一点地把纸张充实，填满。我觉得，我喜欢甚至是迷恋那种在纸上写字的感觉的。神奇的笔尖，质感的黑蓝色墨水，风一样从很远的未知地方吹过来，散出光芒。那些红色的尖顶教堂，瓦片上只只白色的鸽子，乳白的栅栏，碧绿的草坪，金发的少年，流浪的老汉。像一朵又一朵的幻觉，从我笔下华美安静地绽放开来。

恍惚中，我却听到如提琴般质感低沉的男声，抬头，楠楠已经在不知道什么时候走开了。齐默彡就坐在我的对面。他反抱着椅背，伸手过来拍我的头："苏沐沐，一块儿吃饭吧。怎么样？"

"怎么样？你说呢？"我抬起眼皮来，悻悻地望着他，然后起身，收拾课桌，背上书包。正准备撇下他离开的时候，齐默彡紧紧地拽住了我的胳膊，他的声音压地很低："沐沐小姐，别闹了，去吃饭。"

浅蓝色的餐桌旁，我们彼此照例静静的坐着，偶尔聊天寒暄。齐默彡有时微笑，眼神里却流露出一股说不出的忧郁滋味来。我总把这乱糟糟的学校食堂想象成一座香蕉城堡，甚至能闻到一抹淡淡的玫瑰芳香，它们浮动着，梦幻而轻盈。然后，我看见穿黑色雨衣的面容丑陋的巫婆拿着一把尖尖的扫把，她在我眼前轻轻一挥，一切，整个世界，恢复原样。

那个戴火红色棒球帽的齐默彡，他完美、优秀、善良，有一张俊秀却隐忍的面孔。而我，却只是一个孤僻平凡、素面朝天的寡言女孩。多么戏剧性、多么可笑的对比啊，我不禁想冷笑出声音来。

齐默彡的电话突兀地震动，他慌忙掏出银白色的手机，站起来侧过头，说喂。

喂喂喂。

我在匆匆过往的人群中看到他好看的侧脸，他的嘴巴不断地张合着，眉头皱得很高，似乎听到他说"好的好的我马上就去，你乖乖站在那里别动，知道吗，笨蛋楠楠"。然后他匆忙走过来，拍拍我的肩膀，耐心地跟我说"沐沐，真是抱歉。哥有事要先离开一下，你一个人得好好吃饭才是"。

我点头，抬起眼睛来，只是点头。他留给我一个微笑，然后随着拥挤的人流，从我视线里消失。

我用力地握紧木红色的筷子，因为食指握太久留下一阵麻木的疼痛而换用无名指。

齐默羽固执的自称为是我哥。1999年的夏天，我十六岁。他戴火红色的棒球帽，站在操场很远的地方喊我的名字。我看见他的身体微微倾向前方，一个很好听的男声便传过来："苏沐沐，沐沐，过来啊，我在这儿呢。"

它们空灵地、真实地拉长、缩短，又拉长。

二

楠楠说，苏沐沐，知道吗？如果你晚上是一个人在家的话，就一定要把所有房间里的灯都开得通亮。她按住我的肩膀，我感到她的重量。她把一只棕黄色的大狗熊递给我，"唔，沐沐，请叫它棕熊先生，拿着。"我接过来，软软的，茸茸的，摸摸那一颗作为它鼻子的漆黑色橡皮囊，然后回给楠楠一个笑容。

1999年的夏天，我认识了一个叫白楠楠的女孩子。她的头发很短，养一条叫做"呗呗"的大狗，拥有很多条裙子，很多个朋友。她歪着头，把一份双球式的蓝莓味冰淇淋递给我，然后送我一只大大的线绒熊。楠楠眯起眼睛来，她站在黄昏的操场里弯着身子，扶住膝盖，大声叫我："苏沐沐，沐沐，过来啊，我在这儿呢！"

我看见她朝我挥手，几只羽毛黯淡的鸟儿越过远处的高楼飞过来。

楠楠曾经告诉我说，她是非常喜欢那些在傍晚的灰蓝色天空中飞翔而过的鸟儿的。她很替那些鸟儿伤心，尤其是那些柔弱的黑色小燕鸥，昏暗的暮色缓慢地笼罩下来，它们仍然在不停地飞翔，它们辛辛苦苦地寻找着维持生存的食物，可是，却几乎从没找到过，于是只能拍拍翅膀，无力地挣扎着，便重重地掉到了人间，掉在了大货车轰隆过去的深夜的马路边。

楠楠说话的语气很感伤，她说，苏沐沐，你看啊，天黑了，它们很饥饿，很孤独，但这些鸟儿，是无家可归的，它们没有地方去，一辈子都在找寻，你知道吗？

好吧，我不知道。

一直都，不知道。

我在楠楠面前很失神地摇头，我闭上眼睛，听到自己的声音："我不知道。"

是的。说得完全没错。

我只是像一个乖孩子一样背着大书包，拥挤在人流里。我把钥匙插进家门的钥匙孔里，旋转，然后推门。深夜，我一个人静静地蜷缩在卧室宽大的落地窗前，惨白的皎洁月光如水银一般，缓缓地抖落了一地。我看见楼下的人群，夏日夜晚斑斓的霓虹，不停息的车水马龙来来往往。

我对我自己说，苏沐沐小姐，生日快乐。你要变得胖一点健康一点。然后我一个人吹灭了蜡烛，我看见蜡烛的眼泪滴在浓郁的奶油蛋糕上，然后迅速地凝固。然后我笑出声音来。我不能忘记也不想忘记这个夜晚，凌晨十二点，我变成了一个大人，十六岁。

可是，我分明感觉自己的身体始终是冰冷僵硬的，仿佛是一块潮湿腐烂的朽木那般，不能轻易地移动。我还是站起来，跑去厨房给自己冲了杯早已过期的劣质咖啡，然后我喝掉，咕噜咕噜。

没有人明白，其实，我总是很愿意尝试那种无比苦涩的滋味的。它们滑过舌尖、喉咙，然后变成了一条条细小的虫卵，潜伏栖居在我看不见的暗处，夸张而疯狂地侵蚀吞噬着我的身体。它们也像极了一块块细小明亮的刀片，在黑的夜幕里发出幽冷的孤独寒光来，然后在皮肤上轻轻划过。不留痕迹，但却有撕心的痛。

光着脚在木质的地板上捧书似鱼般游弋，昏暗的灯光笼罩在我的身体上，再投下纤长的阴影来。钟表寂寞地滴答着，黑猫爬上了钢琴，安静地卧着，慵懒地微闭着双瞳。我伸开惨白冰凉的十根手指，才发现，原来此时我正在想念一个人。一些记忆从指尖迅速却暧昧地漏下去，有关他的一切，却开始像向日葵一般铺天盖地地疯长，弥补了曾有的大片空白。

翻开几米的《向左走，向右走》，一本原本干净却被我弄得脏旧不堪的小画册。我看见黑色的五号字体在浓郁的夜色里像一朵烟火般寂寞地盛开：你说你四点来，三点我就开始幸福了。

灰色的烟雾从我的手指里升起来，纠缠在空气中。

于是我在凌晨的时候清醒过来。我穿着肥大的白色棉布睡裙，拖着长毛兔的毛茸茸的拖鞋，在瑟瑟发抖中蹑手蹑脚地走到黑暗的楼梯口，独自抱膝坐下。我看见漆黑的苍穹中一颗又一颗明亮的白色星辰，我托着下巴，然后把头深埋进双膝。我开始勾勒有关齐默羿的一切。为什么，不管我怎么做，他们也是不能明白。

我如此期待，我能够像童话中的女孩那样等到宛如水晶的眼泪般划过天际的流星。可是，当我坐到浑身疼痛的时候，我亦什么都没有看到。我听见黑猫打起呼噜的声响，楼下有几辆汽车打着刺眼的车灯呼呼疾驰过来。

我看见做梦的红房子正飘向麦田，齐默羿牵着楠楠的手指安静的对我说："沐沐，我们要飞了，你好好生活，我们会来看你。"

我紧捏着硕大不合身的白睡裙蹲下来哭了。眼泪迅速地砸下来，却如同花开时寂寞的疼痛，没有一丁点的声响。我知道，我的世界，将要开始彻底的安静了。

楠楠像森林深处美丽的公主一样幸福地说："亲爱的苏沐沐小姐，齐默羿要带我走了，你亦会有这一天的。"

我伸手试图摸她的脸，然而不知为何，我总摸不到曾熟悉温暖的楠楠。于是，我歇斯底里般地叫喊："你不是我的楠楠，走开啊，你不是。"

三

再接到齐默羿的电话的时候，是1999年夏天的半夜。窗外有昏黄的浮光，一些卡车在空旷的道路上突突地前行。我握紧听筒，他说，他已到巴黎的普罗旺斯。漫长电话的另一端，他就这样对我说，然后寂静下来。

普罗旺斯。那一个他曾要带我去的地方。他曾经摸着我漆黑的头发说："沐沐，八月的普罗旺斯是熏衣草的天下，等1999年的七月结束的时候，哥一定带我去，一定。我把一些记忆的碎片拾捡起来，我挂掉电话，很匆忙慌张地，挂掉了。"

我捂着自己的脸在卧室的一面大镜子前哭了。我还想起以前我淘气地问齐默彡说是否已有女朋友的时候，他说有。我眨眨眼睛噘起嘴要他女朋友的手机号码，后来，齐默彡伏在我耳边，告诉了我我的手机号码。我还记得那一刹那我内心的翻滚和甜蜜，我的脸涨得通红，低着头，心跳，说不出任何话来。

楠楠告诉我说："沐沐，知道么，有些东西，是要用一辈子来记得。"

一辈子。记得。

很久之前的夏天，我和楠楠一起去山坡上放风筝，我们穿镶嵌满小花朵的棉布裙子，戴着用粉红色和鹅黄色的小花儿编成的帽子，远处的花儿们也开得繁盛饱满，仿佛夜空中明亮的星星，那么多，那么密，那么夺目绚烂，数都数不过来。浅蓝色的秋千在曼妙的微风里轻轻荡漾，白色的云朵盛开在我们纯净的笑容里，羽毛雪白的鸽子站在碧绿的草坪里。一切，像一幅画卷一般平静美好。

湛蓝如宝石般的苍穹上刻下了两只蝴蝶形状的风筝，它们在起起落落的夏风里时高时低。我们清脆的笑声像美丽的风铃相碰，它们发出悦耳的声响，来自很远很远的记忆。

楠楠说，沐沐，等齐默彡带你走的时候，等你离开的那一天，你也要记住楠楠。记住这一段时光，沐沐，请你记住。

于是，我就把楠楠这两个字放在大脑沟壑的迂回深处，无论是急风还是暴雨，它们留下的痕迹都不曾被冲淡过。可是，可是最后却是楠楠离开了，和齐默彡一起。他们像是一双潜伏在蔚蓝色大海深处的精灵，有着闪亮窄短的鱼鳍，鳞片是动人温婉的海蓝色，他们拥有一切令人艳羡的东西。我甚至，完全可以想象得到，他们始终是平静而幸福。

而我，而我只能在空无一人的黑夜里双手合一，向着蓝色的月亮为他们祈祷，然后打开电脑，喝水，写作。我写一些神奇美好的故事，然后再亲自为它们安排一个死的下场。空荡的卧室，敲击键盘的声音甚至会有回声，我让一些人们死在我的笔下，永远地，不能再恨，也不能再爱。消失，蒸发，就是这样，不能再来。

窗外，那轮皎洁的月亮依旧惨白，那惨白的颜色，就像是我的脸。一些破碎的光泽抖落下来，笼罩着整个城市的夜空。曾经，在我心里面有过一个密闭狭窄的容器，那里却装满了我全部的记忆。我固执地相信，只要我沉默，不说话，看着他们，他们就不会走，不会离开。我微笑，我日复一日地，等待着更多的故事插上大翅膀扑扑飞走，世界窒闷了，所有的，都像华丽的泡沫一般，灰飞烟灭。我甚至，嗅到了它们孤独的气味。

楠楠在电话里难过地对我说，沐沐，对不起。

我听见她的声音，像香蕉一般甜糯，我却不想再听下去。

我忽然就哭了，虽然我一再告诉自己说，不要这样，不要。可是我仍然像一个孩子一样哽咽着跟她说，楠楠，你看，苏沐沐她一直就很坚强。其实，我一点事都没有。我只是觉得，太过迅疾地消失，对另一些人来说，是一种残忍。虽然，你们没有义务和必要，去关心其他。

我挂断电话，然后恍惚看见楠楠的微笑。那是一种不真实的笑容，她的容颜绝美，面若桃花，可却冰冷、呆板、僵硬。

我拿出放在衣橱深处的那只棒球帽，火红色的，是齐默彭曾经留下来的。我抚摸着它的纹路，然后推开窗户，用力抛出去。一团轻盈的火红色坠落了，像一只柔弱的鸟儿，断了翅膀，没有办法再飞起来。它从我的视线里消失，我甚至没能听到它落地的声响。是的，一切，都太微弱了。

我把绑马尾的黑色橡皮筋拿下来，漆黑的长发散开。我怀着这些秘密打开电脑写作，写一些庸俗老套的故事出来。

不经意间，七月真的彻彻底底的结束。不留一丝征兆，也不剩一点痕迹。

苏沐沐曾经那么的期望过夏天的结束。尤其是1999年，这个世纪的最后一个夏天。

然而当七月终于过渡到了尾声，八月却依旧未央。白色的芦苇一根又一根地飘进炎热溽湿的南方空气里，一轮纯金色的大太阳面目狰狞，它默默流下苍老混沌的泪水来。没有人能发觉，更无人关心注目。一天，有夏日的暴雨倾盆下来，打弯了葱绿的树枝，打湿了地面。一个叫做沐沐的小女孩跑进大雨里，她蹲下身体，蜷缩起来。

第二辑　让梦想飞

猫挽歌

翅膀记得，我们一起飞

手机

橙色精灵

猫挽歌

文/温暖

出生的时候，雠婆婆将一条名为碧猫之珍的项链系在我颈上。我后来听说，那一刻整座碧猫森林都被破天而降的紫金光笼罩了，光芒里碧猫之珍嵌进了我的锁骨中央。然后，森林里至高无上的巫师雠婆婆跪下来，颔首说潘朵拉，我的小公主，您将成为决定非湄尔王国命运的神明。

我是碧猫森林里的潘朵拉小公主，狸猫潘朵拉。雠婆婆说，我们世世代代都是森林尽头非湄尔王国的图腾，负责代表神意选出他们的君王。

雠婆婆说这话的时候，粗糙的手指正缓缓摩挲我锁骨间的碧猫之珍，她的眼底有无垠的暖意或者怜悯，她告诉我，我将在十八岁那年幻化为成年女子的模样，住进非湄尔王宫，取下碧猫之珍把它戴在某位皇子颈上，以此任命皇子为王。

好奇于所谓王国神明的命运，我问雠婆婆，为皇子戴上碧猫之珍的我，然后呢？

然后，您的使命就完成了。

我似懂非懂地点头了，只是那时太小，并不能领会，这是将纠缠我一生的诅咒。

十八岁，我乘上非湄尔王国最神圣华丽的天马车，离开碧猫森林。

碧猫崖是非湄尔王国边境最为险峻的断崖，在这里，王宫贵族们诚然肃立，恭迎我的到来。

晌午，天马车降落，我释然走出。

庞大队伍的最前列，一男子率先朝我走来，睽睽众目中，他单膝而跪，轻握我的手淡淡一吻，仰面微笑，潘朵拉，小皇子诺色顿欢迎你到来。

湛蓝眼眸微微弯曲，轻风抚起诺色顿黄金色的刘海，露出天神雕琢过般的容颜。这便是需要得到我认可的皇子了，我想。

一路紧握我的手，诺色顿带领众臣回到非湄尔王宫。

餐桌边，我惊愕地发现，诺色顿并未坐于最上席，他的左边有一黑发男子，始终不言不语，英俊却异常淡然。

好奇令我忽略了身份地点，忘情盯住他以致粗心将汤匙送到了脸颊上。诺色顿转过身亲昵地为我抹掉油渍，介绍说，那是我大哥，大皇子弥塞尔。

闻言，他放下餐具，腼腆地笑了笑。

那优雅、内敛而安然的气质似能蛊惑魂魄，我忘却了呼吸。

夜不能寐。

是悠扬琴声使弥塞尔的微笑在脑海里挥之不去。

王宫的夜凄寒清寂，我悄溜出房，池边漫步间，有奇怪的身影映入眼帘。

巨大树叶间的罅隙里，弥塞尔怀抱竖琴坐在池塘边，墨色发丝融进了黑暗，风和着他抚琴的手指细细飘动。我不觉悄悄上前，隐在草丛里聆听来自他的仙乐。

弥塞尔的拙琴扰着潘朵拉小姐的清梦了吗？

一曲终了，寂静里忽然响起了弥塞尔轻柔飘渺的低音。

竟被发现了，我心一惊，羞羞答答冒出头去。

他又笑了，拍拍身旁的草坪，说，坐过来。

夜凉如水，我们并肩而坐。

和诺色顿相处得愉快吗？拨弄着琴弦，弥塞尔云淡风轻地问。

同为王位继承人，弥塞尔殿下就这样任由诺色顿处处抢风头吗？我不平道。

我是哥哥，应该的。琴声断断续续，他依旧云淡风轻。

我张口反驳，声音却被一声"扑通"掩盖。疑惑转眸，见竖琴不见了踪影，弥塞尔惊慌失措连忙跳水，我急急抓住他，却遭到他重击。

放开！那是母妃生前留下的琴！！

话音未落，弥塞尔已扑入水中。

明明扒在岸边，我却如临深渊般注视着池塘，终于在水面气泡殆尽时放声哭泣。

来人呐！快来人呐！！

哭腔渐浓，朝着漫天漆黑，我无助地大喊。

大批人马迅速集聚过来，诺色顿更是身着睡衣便扑向我，惊慌失措地问发生了什么。

弥塞尔，快救弥塞尔！他溺水了！！我攥住他的衣襟哭得天昏地暗，几乎跪地求救。

我看到诺色顿的脸顿时阴沉下来，可救援不会因他不满而松懈分毫。

弥塞尔皇子宫。

甩掉诺色顿的桎梏，我推开人群扑倒在怀抱竖琴昏迷不醒的弥塞尔身边，无视周遭的窃窃私语，只一味呼唤他。

诺色顿。弥塞尔睁眼，虚弱地唤了一声，而后移开目光，悲伤地说，弥塞尔扰到大家歇憩了，对不起，请各位回吧。

哼。冷笑一声，诺色顿甩袖离开，众人亦快步跟去，一会儿工夫，便只剩我恬不知耻地站在一边，迟迟不肯挪步。

他似看懂了我的愿望，开口道，潘朵拉小姐，请留一下好吗？

转眼，又回到了甜蜜而尴尬的两人世界。

今夜最受弥塞尔喧扰的莫过于潘朵拉小姐了，要专门道歉才行。言语间，弥塞尔便挣扎着想要起身。

才没有对不起呢！把虚弱的弥塞尔按回床榻，我惊叫出声，然后立即顿一顿，咽回已到口边剩下的话，急忙转换话题，弥塞尔殿下，诺色顿殿下都懂得为王位百般讨好我亲近我，您待我这样生疏客套，您难道就不想为王吗？

谁会不想统领天下呢。弥塞尔的嘴角挂了一丝嘲讽，声音是既往的轻轻淡淡，可亲近了潘朵拉小姐，势必会令弟弟难过。况且，诺色顿是王后亲子，我不过一个宫女遗孤，何必为不可能的未来伤害弟弟呢。眉眼间忧伤难抑，刺疼了我。

想要为王就要努力学会残忍呀！还有，潘朵拉不愿看到弥塞尔殿下难过。

道完这惊心动魄的教导和心声，我鼓足勇气俯下身，在他紧皱的眉心轻轻一啄，然后快速跑掉。

才没有对不起呢！弥塞尔，若不是你奋不顾身跳水救琴令我揪心，我又怎会如此清晰地看到自己的心意呢。

也不需要忧伤啊！弥塞尔，诺色顿再强大、再殷勤都没有用，因为决定这一切的人，是我潘朵拉。

那夜之后，诺色顿待我更为热忱了，时时牵着我，处处都要想方设法展示与我的亲密甜蜜，我却愈加疯狂地想念永远站在人群里的弥塞尔。

甚至在夜深人静的时刻溜到池塘边，触景怀念那一晚的短暂相处。

在等我吗？

低沉而淡漠的声音被风吹入耳中，惊诧之余，弥塞尔已与我并肩而坐了。

笑容依旧淡然轻甜而蛊惑人心，我却不能再如从前般与他相视展颜，委屈和不满占据思量，我连质问都带了怨恨。

弥塞尔从未想过偶尔像诺色顿殿下一样待我吗？像他一样牵着我问寒嘘暖，面对众人，弥塞尔从来不想的吗？

对不起，身为皇子，我不得不顾大局，不可能正面顶撞诺色顿的。他字正腔圆。

皇子、大局、弟弟，弥塞尔的口中永远只有这些。委屈点点衍生，我竟开始嘤嘤哭泣。

弥塞尔手忙脚乱伸手环住我，竟语无伦次起来。

如果，如果令潘朵拉难过了的话，我们逃吧。

诶？

逃出非湄尔王宫，我们漫无目的不知踪迹，却策马狂奔了整整一夜。

即使只剩马背般狭小的空间，弥塞尔，能与你在一起，潘朵拉仍是幸福的。

非湄尔边境，碧猫崖，我与弥塞尔并肩而站。

我们这样逃出来，王宫一定会大乱的吧。弥塞尔转面，微笑看我。

到了这个时候，弥塞尔仍要挂念王宫跟大局吗？我倔强凝视他。

即使弥塞尔已经暗示了这么多，潘朵拉仍旧不明白吗？他敛住笑容，问。

诶？

疑惑的语气词尚未发出，嘴唇已被细软质地的皮肤堵住，弥塞尔的气息扑面而来，袭卷了我全部的感知。

这次，算是明示了吧。被弥塞尔轻拥入怀，他湿热的气息萦绕在我耳边，吐气若兰。

我想要和潘朵拉在一起，而已。

我们在碧猫崖搭建了草屋、菜园，以及一切属于家和温馨的物质。

每天日出而作日落而息，忙着劈柴挑水却形影不离，携着手听山民们用膜拜的神情想象地讨论王宫里的事，无奈而默契地相视着笑：

——传说啊，前不久大皇子和碧猫森林来的公主私奔不见啦，老国王急得生病卧床不起，前些天终于一命乌呼啦，这下子，王宫不大乱谁家大乱？

——真好啊，千年一遇的好戏要上演喽！

我看到，弥塞尔脸上幸福且恬淡的微笑瞬间僵硬了，取而代之的是前所未有的浓烈的自责与悲伤。

我捧起他的脸，弥塞尔，我们回去吧。

对不起。两行清泪自他的面颊潸潸而下。

让我们一起面对我们共同的责任。马背上，我靠进弥塞尔消瘦的臂弯，即使回去，我们一样可以在一起的。

因为决定王位的人，是我潘朵拉。

这一逃回来，举国皆知王位决选已没有悬念，只有诺色顿死皮赖脸不肯放弃，想方设法献殷勤。

无耻得令我嗤之以鼻。

登基大典之上，我挖出深嵌在我锁骨中央的碧猫之珍，亲手戴在了弥塞尔颈上。

满堂朝臣面前，我端着他的手一步一步将他送去王座，他对我温柔微笑而后转身气势磅礴地坐上，我们的配合天衣无缝。

百官扑扑通通跪拜一地，甚至无人发觉他们的准国王诺色顿此刻不见了踪影。

雏婆婆称赞我，选出了好国王。

弥塞尔确实是难得一遇的明智君王，他勤政、爱民，上任便颁布出一系列良策，使得非湄尔各地政通人和，百废俱兴。只是，这些良策的策划讨论耗费了几乎所有属于我们的时间。

能见到弥塞尔的机会越来越少，大多数时候我都独自游荡在王宫的花园庭院，漫无目的，想念怀念着他。

偶尔能遇见同样无所事事的已为王弟的诺色顿，在看到我的瞬间便转身改走他道。也罢，现在的我于他来说，是没有任何利益可得的。

我的思念病常在深夜里发作，难以自拔。

渐渐习惯趁夜溜至弥塞尔的书房，扒在窗上悄悄欣赏他钻研文件的模样。像许久之前不惜躲在草丛里，只为倾听他略带忧伤的清澈琴音。

直到那个月黑风高，诺色顿身着夜行衣，鬼鬼祟祟潜进房间的夜。

我将他的行动尽收眼底，迅速断定他是将对弥塞尔不利，我欲高声呼救，正在出声的时候，浑身的气力忽然被屋内的对话抽离殆尽。

哥哥，身为王弟，我坚决反对你立丞相之女为后！

反对无效。弥塞尔语调风轻云淡如往昔，我不像你出生便拥有庞大背景做后盾，为巩固政权，我必须这么做。

你想过潘朵拉吗？你颈上的碧猫之珍是她亲手为你戴上的，你连王位都是她亲手给的！墨色夜幕下，诺色顿的咆哮余音颤颤。

如此说来，她的使命已完成了，不是吗？窗梗的罅隙里，我看见弥塞尔的笑容，是我刻骨熟悉的淡然而蛊惑人心。

脑海里轰隆作响，我究竟忽略了多少细节？

回宫后早些歇息，晚安，我的王弟。

弥塞尔顾长的身影出现在门外，他在为已然火冒三丈的诺色顿送行。

好久不见了，你是什么时候来的呢，潘朵拉。诺色顿消失之后，他像许久之前的现在在池塘边一样，不知何时发现了我，转身微笑道，不知道偷窥国王是重罪吗？

——初见的时候任由诺色顿率先迎接我，是要更好的突出你的内敛善良并以此博得我的同情甚至好感。

——故意把竖琴扔进水里，跳下去而后杳无音信，就是为等我着急然后叫来人群让所有人知道我们深夜相会，这比总在众人面前显暧昧的诺色顿要高明太多。

——趁夜带我远走高飞，根本是算准了年迈的老国王会因此生病亡故，好提前得到处心积虑迫不及待的王位。

——诺色顿的失败、我的选择和你的王位。弥塞尔，你全都计划好了的，对不对？

潘朵拉，弥塞尔笑，我不曾发觉，原来你这样聪明。

是你的计谋太拙劣。我一字一顿。

漏洞百出的三流阴谋，若不是一开始自己便一叶障目、一路沦陷，怎会到现在才看清故事里的两人，一个如此深爱，一个如此残忍。

呵，是谁在没有旁人的宫殿里苦心教导他要学会残忍的。

摇摇欲坠。

我第二次趁夜策马奔出王宫的时候，呼啸的夜风凛冽刺骨几乎要贯穿心脏。

明明没有目的的驰骋，却在停驻的一刻发现，自己已然重新到达了碧猫崖。

草屋安在，菜园安在，一切属于温馨和家的物质，令所有的美好恍然如昨。

抚摩着锁骨间丑陋的洞，我缓缓地挪步，细细地回想，所谓的"明示"，所谓的"我想要和潘朵拉在一起，而已"，我一寸一寸走在曾和弥塞尔携手走过的土地上，我想起那些散落在风里的音容笑貌，和最小的时候，碧猫森林里雠婆婆送给我的话，当我将碧猫之珍戴在皇子颈上，我的使命便完成了。

那么，我究竟还剩下些什么呢？脚步缓缓前移，悬崖之边，我看见碎石噼噼啪啪地掉。

潘朵拉！

应声回过头，竟看到诺色顿惊慌失措的表情，我朝他凄凄一笑，却踏空了脚步，使身体凌空随之迅速下落。

我拉你上来！千钧一发的时刻，诺色顿抓住我的手，倒吊在崖壁的藤蔓上。

不必了，我用力一边挣脱他一边回答，我为跳进这里而来。

我懂了。

余音缭绕在千万丈云雾弥漫的峡谷里，诺色顿纵身一跃，将我紧抱进怀里。

两具身体顿时无可控制的凶猛下落起来。

——诺色顿殿下，这下，你连王弟都做不成了，着地的瞬间，我们都会死的。

——没关系，第一次在这儿见到你的瞬间我就确定了。诺色顿，只要有潘朵拉就够了。

翅膀记得，我们一起飞

文/辜妤洁

01

低矮陈旧的房屋一片连着一片，绿色的藤蔓缠绕在锈迹斑斑的铁栏上，潮湿的泥土味混合在空气里。橘色的夕阳静静地洒下余晖，横亘在半空的电线交叉着散开，将天空切割成规格不一的形状。偶尔传来走动的声响，停驻在电线上几只小鸟睁开半闭的眼睛，扑闪着翅膀，渐渐飞远。

偌大的操场空空旷旷，周边长满了野草，中央碎出好几块坑洼。因前几日下了雨水，所以被注了半满。远远看去，像是摔破的铜镜。缓缓的步调，亦步亦趋过来，白色的帆布鞋多少沾了些细土，黑色的袜子包裹住细细的脚踝，红格子短裙的裙裾在微风里盈盈起舞。

四个篮板都已经被折磨得老旧老旧，细心去看会发现上面有了好多的裂痕。不经意间发现篮板的最上方有一排字，似是有感应般，心里倏地漏掉一拍，几乎手脚并用地攀到了附近的一块石头上才终于将它们一一看清。

——林熙白是最大的傻瓜。旁边是小刀刻出的一个很拙劣的猪头。

依旧是歪歪斜斜的字体，很多年前被自己嘲笑成游戏在沙粒里的虫子，依稀记得当时，少年的脸上露出明显的不满。后来呢？后来是自己妥协下来，闭着眼睛说出"其实写得也很好看啦"。

呐，季沐阳你看，我的记忆力是多么旺盛，和你有关的一点一滴，我都记得清清楚楚。那么你呢？是不是也不会忘记呢？你说过，如果有一天太阳不见了，世界变暗了，哪怕我们相隔天涯，你也会穿过茫茫人海，在黑暗里准确地分辨出我来。

所以，季沐阳，直到我们分别了七个年头的今天，我仍旧相信，哪怕太阳不见了，世界变暗了，我们，还是会再见的。

会再见到你的吧？

02

夏末秋初的黄昏，散不尽的破败天光。

斜阳正好，整个校园被漆上了一层柔软的暖色，通往校门的一段小路弯弯折折，偶尔掉下的树叶，增添了一抹低迷的气息。左边是小卖部和食堂，几个拿着饭盆的女生嘻哈着往寝室的方向走。右边的操场上有几个玩篮球的男生。

做完值日累得够呛，抢抢胳膊也疼得要命。平时几分钟就能走完的路今天也显得特别漫长，偏偏脚上像灌了铅，走到让人崩溃的局面。

前面就有张大床该多好，林熙白抱着书包，闭上眼睛陷入幻想。

"宛笙，你说他们是不是故意整我们啊？为什么垃圾比以前多了两倍还不止？"林熙白懒洋洋地开口，声音里满是怀疑被人捉弄后的愤怒。走了几步之后，身边却没有任何回应。女生睁开眼睛四下去看，这才发现一直和自己并肩的好朋友站在离自己老远的地方，面对着操场。即使只看侧面，依两个人多年好姐妹的基础，林熙白也完全能想象出杜宛笙此刻的表情：绝对很陶醉的模样。

于是又折了回去，停在宛笙身后的地方。好奇她看什么这么出神，林熙白顺着目光的方向探索了过去。

那是个很清瘦的少年，高高的个子，白色的T恤衫和藏青色的休闲裤、白色的运动鞋。三百度的近视让林熙白只能捕捉到这些信息。少年的面孔朦胧不清，从宛笙的表情看来，定也不会很差劲才对。

他的身手极好，速度极快，把身边几个人搞得晕头转向的，突然传来一声"看那边有美女"，几个本来想直接扑过去按到他的人纷纷把目光转向了林熙白和杜宛笙的方向，就在那一瞬间，男生动作干净利落地完成了一个三步上篮的动作。球在篮筐上打了个旋，然后漂亮地从中落下，在水泥地上跳了几下，发出"砰，砰，砰……"的一串响声。

本来对一切球类不感兴趣的林熙白也半眯着眼睛聚集了视线，不可否

泛
90
第十三届新概念获奖者翘楚新作精华
B
卷

认，男生打球的动作让人觉得赏心悦目。直到他们打完了，一直没说话的杜宛笙才冲男生的方向喊道："季沐阳！季沐阳！"声音里充斥着兴奋。

正在收拾衣服和书包的男生听到喊声很快朝这边跑了过来，脸上洋溢着胜利的微笑："宛笙，要回去了吗？"

声音很温和，带着淡淡的宠溺。像是逆光而来的一道光线，男生的眉目像放映的慢镜头般一点一点清晰了起来。清俊的面庞，如此靠近，林熙白不用半眯着眼睛也看得清清楚楚。

夕阳的最后一点余光从行道树的缝隙间穿插而来，天空中的云朵一团连着一团流淌开去，风很静，干燥的空气氤氲出薄薄的一层水汽。樱花大簇大簇地开得灿烂，周遭的所有一切都被自己屏蔽开去，林熙白只听得到心跳"扑通""扑通"的声音，一下一下，越跳越快。

好像镜头闪光之后的一声"咔嚓"，世界和时间，从此定格不再变化。

少年清爽的头发些许湿润地沾在额上，轮廓边被镀出一层绒绒的金边。和宛笙聊了一会儿之后才将视线转移到了她身边的女生身上。眼睛突然一亮，嘴角弯出一个好看的弧度：呵，是你啊。

03

时光倒退到两个月以前。

是刚入夏的时候，天气渐渐转热，屋子里的电风扇调到三档，叶片转动时发出"呜呜"的声音。热气逐渐被驱出门外，遥控器不停地按，还没找到喜欢的电视节目，手上就已经汗津津的了。无数只蝉藏在茂密的树叶间声嘶力竭地鸣叫，平添出令人心烦的躁动，林熙白好几次有换掉拖鞋冲过去跟它们拼命的冲动。

命是自然没有拼成的，林熙白不会爬树，更何况蝉还有翅膀会飞。女生窝在地板上想了好一会儿，然后起身去门口穿上凉鞋就跑了出去。

屋里屋外的气流混合在一起，让女生觉得微微有些不适应。楼道上没有什么人，各家的门都紧闭着，一眼望去，空荡荡的寂寞。

锁在楼道里的自行车已经落满了尘埃，锁口处有斑驳的锈迹。用手擦掉一片灰尘，才看得出其实还是崭新的车子。软磨硬泡了一个星期，林熙白才有了这辆自行车，可惜新鲜劲儿一过，加上初学的那几天就连摔了几个狗啃泥的姿势，脚肿了不说，还在周围的讪笑声中差点窘死。之后就一直没碰过了，不是午后无聊，林熙白很有可能会彻底忘记她还有一辆自行车。

中学有一块开放的操场，趁着中午没人，去学学也好。林熙白打开锁，轻轻地把车推出了院子。

没有宛笙的帮忙，林熙白不敢放开地去骑。结果却是越小心摔得越多，越不小心又摔得越狠。不到二十分钟，女生的衣服都被汗水浸透了，糟糕的是凉鞋也被绞进了车轮里，要不是自己的脚缩得快，怕就不是从车上摔下来擦破皮这么简单的事儿了。

宛笙明明比自己娇弱，却骑得那么好。林熙白记得自己也是看宛笙在风里骑自行车时裙摆飞扬得像只白蝴蝶，于是觉得自行车是那么美好的东西，偏偏到了自己手里，却变成了自残的工具。

摔倒在一边的自行车轮子由于惯性还在悠悠地转动着，银白色的车轴在阳光下泛出耀眼的光芒，刺得女生真想顺势大哭起来。

"骑自行车也是需要技巧的，要放得开才行。"男生温厚的声音突然从身后传来，吓了林熙白一跳。

他走到女生面前，然后蹲下来，没有任何拘束地伸手握住了她受伤的脚。擦破了很大一块皮，沁出了丝丝点点的血迹。在女生白皙的脚上这点伤看起来也蛮惊人的。男生微微蹙起了眉头，待看到女生因为疼痛而流出的满头大汗，倒开怀地笑了起来："没什么的，只要擦点药酒消消毒，然后包扎起来就没事儿了。"很体贴地把女生扶到阴凉的树下，让她坐在那里等自己

"我就住在这附近，你等着，我回去拿点东西来给你处理伤口。"说完便转身跑了回去，圆滚滚的篮球放在车子那里。原来是来打篮球的啊。女生心里释然地想到，不然她还以为这突然冒出来的男生大概是天使呢。

的确住得很近，没隔一会儿男生便带着纱布和药酒跑了回来。他俯身为她上药的时候，晶莹的汗珠从额上滴落下来，"啪"地打在林熙白的手背上，没来由地，心跳又加速了几拍。

那天是他帮她把车子推回去的，林熙白乖乖地坐在后座上动也没敢动一下，男生说："以后要骑车就到操场上来吧，我经常在那儿打篮球的。"

直到男生走出院子，林熙白看着逐渐消失的背影才想起还不知道他的

泛90 第十三届新概念获奖者翘楚新作精华 B卷

名字呢。算了，明天再问吧，女生笑着想，反正他说要教自己骑车的。看着被摔得很惨的自行车，林熙白突然又觉得它变得可爱起来。

04

学校对面新开的奶茶店。大大的玻璃窗被擦得干干净净，上面张贴有许多可爱的饰物，正中间的是"开业大酬宾"的红字幕。店里收拾得简洁而整齐，蓝色黄色的桌椅一字排开，柔黄色的灯光和地板协调出很温暖的色调。附近有几桌讨论功课的男生女生。CD里放的是沈庆的《青春》。这一切都符合林熙白喜欢的样子，坐在靠窗的位置还能看到街上来往的人群。女生暂时忘了值日后的腰酸腿痛，沉浸在美好舒心的氛围里。

"然后呢？"宛笙喝了一口芒果奶茶，饶有兴趣地看着林熙白和季沐阳。

然后——然后呢？林熙白将视线转移到男生身上，是的，她也想知道，然后他为什么就像突然消失了一样，再也不见他的身影了呢？也许男生当时只是随口说说，在林熙白心里却将它当作了一个小小的约定，可是这个男生，真的就像他的突然出现一样，又突然消失了。

这算不算——爽约呢？

"然后啊，突然接到学校要集训的通知，所以集训去了。"季沐阳抱歉地看着林熙白，目光温柔。这种温柔变成一种讯号，传达进女生的眼眸里，惊起一池春水，绽放出一圈圈不断散开的涟漪。

涟漪一直到送宛笙回家，两个人开始往回走时还没散尽。夜晚的落虹街，路灯拉长了两个人的影子，转弯的时候影子交叠在一起，像是温柔的拥抱。本来就很尴尬的气氛经女生往歪处一想，顿时脸颊发烫，暗自拉开了两人间的距离。

这些细节只是女生心思细腻的表现，季沐阳并没有察觉。他很自然地问："自行车………不会再摔倒了吧？"

该怎么回答呢？其实不见你以后我就再也没去过操场了，所以现在还是不会骑的。当然这只是女生心里的想法而已，真正出口的只有后半句。

"那周末出来吧，我说过要教你的呢。"季沐阳微笑着说道。

季沐阳很高，白T恤上有股淡淡的汗味儿，混合着男生身上特有的气息，林熙白仰起头来才看到他带着微笑的脸。他的瞳仁干净澄澈，在夜色的映衬下，清俊的双眸亮若星辰。这样的男生，是任何女生都无法拒绝的吧？

林熙白看着他，狠狠地点了点头。

05

细想起来，似乎也不过是最最普通的"认识"而已。

盛夏的气息渐渐浓了起来，电风扇开到了五档的位置，热流被驱散到了窗外，阳光趴在窗子上不肯散开。林熙白揉了揉发胀的眼睛，果然如此啊，强光下看书真的很伤眼睛呢。

口袋里的手机突然震动起来，吓了林熙白一跳。

是宛笙发来的简讯。

"还有十分钟上课，白，快点回教室了。"

林熙白微笑，还是宛笙最好了，每次都记得提醒自己。嗯，这就是最好的朋友了吧。好像自己的另一半一样，从小学到初中再到高中，一直都在自己身边。在合适的时候会提醒自己，凡事为自己着想，领作业的时候会记得找两个人的，起床太晚时会在班主任询问前想好怎么为自己找借口搪塞过去。

一个整体，分不开，也没有人能插到中间来。毫无保留地分享所有小秘密，开心时一起笑，难过时一起哭。

但是，终究还是有了属于自己的秘密吧。

将漫画书插回书架时，林熙白的手不自觉的停了下来，明显是连自己也愣住了。真的，自己和宛笙之间，也有了不能分享的秘密吗？

回到教室时，上课铃刚好打响。林熙白舒了口气，课桌上是宛笙为自己拿出来的这堂课需要的课本的习题集。

——就知道你一去图书馆就忘记时间。

看到小纸条时，坐在旁边的宛笙恰好回过头冲自己做了个可爱的鬼脸。林熙白笑着回复过去，一阵暖流涌过，然后聚集在一起像一朵炸开的蘑菇云，慢慢疏散到身体的每一处。

暖流以外，是少女萌动之初的羞涩和连对最好的朋友也难以言说的歉意。

之后的整个下午都过得昏昏沉沉。数学和地理实在不是林熙白喜欢的科目，就连假装喜欢的给老师捧个场也提不起神来。草稿本上写满了这个月的时间，今天是十六号，跳过十七号，铅笔停在十八号的地方，画了一朵美美的小花将它框了出来，下面对应的是"星期日"，其实也只还有两天而已，却觉得这日子太过漫长，从相约的周二到今天周五，林熙白恨不得直接将日历一下撕到十八号的位置。

季沐阳说教她骑自行车呢。然后只想到两个人可以单独相处，竟然忘记脚上的伤疤是怎么来的了。

快放学的时候，宛笙小心地说："白，等会儿陪我去找陈默吧。"

沉浸在美梦里的女生果然一下子恢复正常，一脸严肃的问道："宛笙，你真打算一直和他在一起吗？"

气氛变得尴尬起来，几乎每次提到陈默时，两个女生之间的磁场就会出现紊乱的状况。林熙白怎么会不知道宛笙对陈默的迷恋呢？可是依女生的直觉，陈默不是什么值得交付的人。他在酒吧驻唱，长得很讨女生喜欢的模样，和宛笙发生交集是因为一次老套的"英雄救美"，自此后宛笙的所有心思便被他吸引过去。如果是很好的男生，林熙白也会放心地把宛笙交给他，偏偏却是一个骨子里都浸透着薄凉的人。

可是，又有什么资格去指责宛笙的喜欢呢？林熙白突然明白喜欢一个人的心可以变得那么微妙起来，或许是感同身受吧。女生呵，无论再怎么娇弱，都会为了爱情而勇敢起来的吧。

"嗯，好吧，我陪你去。"林熙白释然地笑了起来。

"白，谢谢你。"宛笙小声地应道，低下头去，收拾书的女生似乎没有注意到她微红的眼眶。

一路过来都是温暖的光，希望永远没有芥蒂地手牵手一直走下去。

然而在你看不到的另外一个世界里，其实，很多东西早已改变了。呐，亲爱的白，我该怎么告诉你呢？

06

"双手握紧，手臂放松，眼睛看着前方，脚踏踩得要协调才行……"话还没说完，"轰"地一声，视线里没了人和车的影子，稍微向下挪一点，就会看到女生压在自行车下龇牙咧嘴的样子。

如果真有自行车白痴的话，眼前的这个女生肯定就是了吧。季沐阳脑袋上掉下满头的黑线，赶紧过去帮忙扶她起来。

"真的是不行啊。"林熙白扑着身上的灰尘，沮丧地喃喃道。穿了新买的裙子，头发也洗得干干净净的，还喷了点玫瑰香水，想美美地出现在男生面前的，结果裙子脏了，头发乱了，香水味早被汗水洗干净了。总之，这次真的是很失算啊。

"没关系，如果不行就不要学了，以后我载你好了。"看到林熙白一次次摔倒，浑身上下青青紫紫却不放弃的样子，真的是会很心疼呐。心生不忍只在一瞬间，怜惜地伸手揉了揉女生的头发，修长的手指穿过发间，触碰到头皮上的小块皮肤，一阵麻酥酥的感觉像是电流一般让两个人同时愣了下来。

季沐阳的车技很棒，林熙白坐在后座很是自得。风呼呼地从耳边吹过，男生的白T恤膨胀得像灯笼，他身上有清新的味道，微笑的侧脸似是凝聚了整个夏天的阳光，在林熙白的眼里赫然变成另一颗耀眼的星辰。

白色裙摆在风中翩翩起舞，若是蝴蝶，那就一起飞过沧海吧。女生闭上了眼睛，双手紧紧抱住了男生瘦弱的腰，将脸贴到了他的后背上。

真想时间就此定格，不去管下一秒会有什么变化。只要现在，就好了。

直到傍晚才回来，是很开心的，林熙白看到全身都被汗水打湿的男生，"扑哧"一声笑了出来。就是今天了吧，让藏在心底的花，结出爱情的果子来。

"嗯，沐阳——"女生微微启唇，才说了三个不要紧的字，脸就忍不住"唰"地通红了起来。

"宛笙？！"男生的目光停在了女生的身后，没有听她把话说完便叫了出来。

林熙白回过头，看到了蹲在门口、哭得像只小猫一样无助的宛笙。从来没有见过这样的宛笙，林熙白顿时不知所措起来。

季沐阳已经蹙着眉头走来过去，拉起蹲在地上的宛笙，说了一句林熙白听不懂的话："宛笙，别怕。"

然后他们从她身边绕了过去，走了几步之后两人同时想起林熙白，回过头来看她，季沐阳眼神很复杂，疼惜，歉疚，不舍……他盯着她的脸，半晌，终是别开了视线。

宛笙折了回来，轻轻地说："白，对不起。"不知道为什么，林熙白从她清澈的眸子里看到的尽是绝望。

他们一起消失在了林熙白的视线里，轻轻的风袭来，让她禁不住打了个寒战，突然涌来的陌生让她从骨子里感到恐惧，浑身上下就此失了站立的力气，林熙白苍白着脸转身向楼上跑去。

07

炎热了好长时间终是下了场雨，晚上下的，很大，雨滴打在窗子上啪啪作响。早上起床的时候已经停了下来。世界被清洗了一通，空气里弥漫着泥土的气息。地上积了些水洼，林熙白黑着眼眶往学校走去。

好长时间都不能安稳地睡觉了吧，无数的疑问让思维变得像理不清的线团一般牵扯不清。那日之后，宛笙悄悄和别人换了座位。没有再听到任何有关"陈默"的词句。倒是季沐阳，每天都来接送她上下学。偶尔触碰到林熙白的目光，也是很快就别了开去。

他们将她从他们的世界里排除出去，在林熙白不明所以的时候，这番变故让她措手不及。是自己做错了什么吗？林熙白想到头破也想不出来。

直到一周以后发生的事儿，为女生解开了所有的谜团。

那天和往常一样去办公室抱着作业本回教室，经过三楼的时候不小心听到了几个正站在那里讲八卦的女生的话。本是对这些三姑六婆的欧巴桑喜好没有兴趣的，却在听到了"杜宛笙""季沐阳"时脚不由自主的再也挪不开了。

——真的，我亲眼看见的，就在我家附近的小诊所里。

——啊！不会吧？杜宛笙不像是那样的人啊。

——人心隔肚皮嘛，如果不是亲眼见到，打死我也不会相信那个男生是季沐阳呢！呜呜……人家可是暗恋他好久了呢……

——好了啦！整天就知道做白日梦……那后来呢？杜宛笙怎么样了？

——好像是大出血吧，被120的车接去了，惊动很大呢！周围的人都跑出来看了。

——真可怜啊！打胎这种事怎么能随便找个小诊所解决呢？他们也真是的……

——对啊，我当时看到季沐阳憔悴的样子，心都碎了哇！

——你心碎个屁啊，人家都差点做爸爸的人了……

——呜呜呜……

接下去的话一句也没听清楚，脑子里"轰"的一声变成大片的空白，手里一摞作业本稀里哗啦全掉到了地上，正在八卦的女生看了过来，看到是林熙白，马上闭了口匆匆离开了。

胸腔里发出尖锐的疼痛，让人快要窒息般地难受。缓缓蹲下身来，眼前的一切都模糊起来。

以往的无数细节在不停闪现，快得让她反应不过来。奔涌而来的是巨大的海浪，一个浪头过去，一切都不复存在。

世界在一瞬间轰然倒塌。

08

这件事很快惊动了学校和双方的父母。学校的公告栏里张贴出"二年一班的季沐阳同学被开除学籍，二年二班的杜宛笙同学留校察看"的告示。那天，宛笙的爸爸在医院里狠狠地揍了季沐阳一顿。男生的嘴角不断的有血溢出。他的目光狠狠地锁在林熙白身上，女生突然着了魔般上前拉住他的手跑出了医院。

留下满屋子都反应不过来而石化的一群人。躺在病床上的杜宛笙脸色苍白如纸，细细的针管插进脉搏里，哀大莫过于心死，所以，身上所遭受的疼痛又算得了什么呢？轻轻地别过头去，炙热的泪便从眼角滑落了下来："嗯，亲爱的白，真的很对不起。"

"疼吗？"林熙白轻轻抚摸男生脸上的伤口，那些血液似是从自己身上流出来的一样，疼得她生生地落下泪来。

"熙白，为什么要相信我呢？"季沐阳退后一步，看着林熙白。

女生没有说话，只是深深地看着他，似乎是想把他眼里的隐忍和退让全部逼出来。不是不相信你，而是从来，就没有怀疑过。女生闭上眼睛，

泛 90
第十三届新概念获奖者翘楚新作精华
B 卷

轻轻地上前抱住了男生。

愣了半晌，终于也伸开手，环住了女生的肩膀，这么久以来背负的秘密，可以说出口了吧。

"我认识宛笙的那天，她晕倒在了路边，抱着她去医院检查的时候我就知道了她……我早就劝她去做手术。可是她不肯，还让我不要告诉你，怕你担心。直到陈默突然消失，就是在你家院子门口哭的那天。是我拉着她去做手术的，如果不是选在那个小诊所，宛笙也不会受那么多苦了吧。熙白，我以为可以帮助宛笙的，结果什么都做不好。"

"傻瓜，为什么不说出来？为什么把所有委屈都藏在肚子里呢？为什么要承受这一切并不该是你承担的责任和痛苦？为什么……"

"陈默走了就走了，事情已经这样了，我只是不想让宛笙去承受更多的痛苦，不想让她对这个世界失望……熙白，你不会怪我自私的吧？"

女生摇了摇头，将头完全埋进了男生的怀抱里。怎么会责怪你呢？宛笙她是我最好的朋友啊。鼓起了所有的勇气，女生终于喃喃开口："季沐阳，你是喜欢我吧？"

男生的目光温柔得像是倾泻下来的月光，宠溺地揉了揉女生的头发，然后轻轻地回答："嗯，很喜欢。"

想这样一直抱着你，不去管那些让人烦恼心碎的事情，一直一直，再也不想放开。

09

最终扭转一切的，是父母突然下的决定。

经历了上次的事情后，一向对孩子放心的父亲开始在每次看到自己时习惯性地皱起眉头。某日经过单位上同事的"点拨"，母亲顿时如见天晴云开。回到家便兴致冲冲地宣布："儿子，送你去美国留学好不好？芳姐在那方面有关系，幸亏她提醒我，哦哟哟……真不枉我们好朋友这么多年啊。"

端着茶杯的手突然停了下来，面对母亲的得意洋洋，季沐阳淡淡地回："妈，我不去。"

若是以前季沐阳不喜欢的事情家里绝对不会强迫，可是他忘了，现在的他除了在学校里名声大臭，在家里，也丧失了原本的被相信和被尊重。

"你不去？！你以为你是谁啊？也不看看现在的自己，如果不是校长网开一面只让你在家反省三个月，你现在也不知道是个什么样子！再说了，那么丢人的事都做得出来，以后去了学校还不是被人笑话！你待得下去我都看不下去！"

看到一向沉默的父亲几乎暴跳如雷了，母亲急忙出来圆场："去美国也没什么不好啊？拉扯你长这么大，我和你爸也不容易，我们都希望你将来能出人头地，你不为自己想也要为我们想想啊。难得有这个机会，儿子你好好考虑考虑吧。"

其实从这个建议提出来的时候，季沐阳就知道没有任何选择的机会了。不甘心地挣扎了两个星期，最终还是在母亲的眼泪下屈服着点了点头。

跟林熙白提起是在签证办好之后，在学校的林荫路上。树影投射在地面，浅浅的光线打在男生脸上，林熙白突然就花了眼。

最后还是装作很支持地说："出国是个很好的机会啊，而且你不是还有寒暑假可以回来吗？平时我们也可以在网上联系的。"

季沐阳说："可是你遇到危险了，我不能立刻出现在你面前；你想我了，我不能立刻拥你在怀里。我不想你日夜忍受思念的煎熬。"

林熙白笑了笑，歪着脑袋去看他，强忍住眼底的雾气蔓延："季沐阳，你是天使吗？为什么总是想着别人。"

季沐阳沉默了，良久，才艰难地开口："如果……如果白遇到了更好的人……"

"不会遇到比你更好的人了。"女生打断了男生的话，轻轻地上前伸手环抱住了他的腰。即使是在学校，即使知道很多人在身后指指点点，可是，那些都不重要了吧。

当银色的鸟儿开始慢慢的滑行，然后突然间挣脱大地，一跃而起，渐渐的升高，最后终于消失在云层里。飞机在跑道上留下的痕迹，在天空中飞过时留下的痕迹，都会在几个小时内逐渐消失，像从来没有存在过一样。

林熙白不知道的是，季沐阳在自己心里留下的痕迹，是不是会像飞机的痕迹一样，随着时光的摩擦而消失呢？

10

离开家去别的城市上大学的那一年，宛笙在车站问林熙白："白，你会恨我的吧？"

林熙白微笑着摇了摇头，上前轻轻拥住她，那次之后，宛笙瘦得像个纸人一样，一双活灵灵的大眼睛从此失去了光泽。这样的宛笙，自己除了心疼，哪里生得起半点恨意呢？所以，在季沐阳被家里急急送出国外的那段时间，任思念吞噬自己的心，任自己在无数个夜里咬着牙流泪，可是面对宛笙的时候都只是心疼，不再有其他半点情绪。

一晃七年过去，身边有那么多人经过，却没有一个可以替代季沐阳住进林熙白的心里。年少的喜欢是干净澄澈到让任何人、任何事都无法轻易介入的。陈默之于杜宛笙，季沐阳之于林熙白，都是如此。

落虹街要拆迁的时候，在杂志社工作的林熙白急急赶了回来。听妈妈说，附近的那块操场很快就会没有了，她心里便难受得像被人狠狠地掐了一把。一切都在变，为什么林熙白的记忆依旧新鲜？

季沐阳刚到美国的那个夏天，他给她发了封邮件，自此以后便失去了联系。像雨后的池塘，重归于平静，然而泥沙却沉到了池底。再也，散不开。

七年之中，每当有飞机飞过头顶，林熙白都会不自觉的驻足，仰望，心中暗想，季沐阳是不是就在上面？是不是一转头，就可以看到他笑颜如花的站在自己面前。

手 机

文/王天宁

深夜时手机"滴滴"地响起来，几个室友发出嘟嘟囔囔的抱怨声。下铺的人翻身，吱吱嘎嘎，他躺在床上，感觉晃得厉害，赶快把手机压在枕头底，又胡乱摁了几下，声音才止住。

是手机报，几天前订制的。那时他心里乱，全校排名连同月考成绩一起发下来，他把手扣在一起不停祈祷，可还是在顶后面看到自己的名字，与名字相关联的是一串不太可爱的分数，吊儿郎当，无比孤寂的杵在那里。

恰好通讯公司发来讯息，询问是否订制手机报。他想也没想就回复了"是"。第一份手机报在半夜发送来，点开是大大的标题，后面跟着小括号，标明了"测试版"的字样。

拇指在导航板按上来按下去。白花花的屏幕，按上来按下去，无意义的文字，缩略图很小，看不真切。最后一行是天气预报，他的手指在"明日气温"止住了。

-8℃

他在被窝里缩缩身子。有人睡着了，发出类似食草动物反刍的声音。

"你明天来吗？"他把头埋进被子，一个字母一个字母按着："明天零下八度，给我带厚衣服。你也多穿点。"

他犹豫了一下，想了想，长按取消键把后半句删了。发送区域的收件人，显示的是"妈妈"。

白色的小沙漏反过来倒过去，反过来倒过去，"发送成功"的字样跳出来，屏幕一会儿就暗了。

他把手机放在枕边，等了好久，却一直没亮起来。

四下是浓郁的黑暗或者空虚，男生跑鞋臭烘烘的味道。窗户上蒙了整片水汽，远远看去像是雾。

他转了转因为久盯手机僵硬的脖子。它还是没亮起来。

舍友的呓语传来，模模糊糊，像遥远的叹息。

隔天他很早醒了。宿舍温度低，他把身子缩成一团，很冷，鼻尖冰凉。风掠过窗户，外面的天与地紧紧包裹，像密不透光的躯壳。

他小心不弄出声音，在洗手间收拾妥当，趿着鞋拖着包离开寝室。中途有人醒了，嘴里吧唧着，揉眼，看他。在他关门的一刹，听到里面的人哼哼地骂了句什么，又重重倒在床上，老旧的双层床发出"嘎吱"的声响。

有雾，厚重的大雾。前方什么也辨不清。他奇怪风天怎么会有雾，拉高了外套的衣领。好在教学楼离宿舍不远，半路手机又"嗡嗡"地振起来："我已经坐上长途汽车了，估计中午能到。"

发件人是"妈妈"。

他看了看手表，还不到六点。他在弥漫的雾气里停住了，想回她讯息，补上那条"天冷，多穿件衣服"，但权衡再三还是放弃了。他不知这是怎么了。

教学楼并行的四排窗户，多露着灯光。在雾气里被渲染成水淋淋的星。

一些起了皱的光。他脚下是平坦的大理石路。

心提了一下，再提了一下。刚洗过的脸在风里被吹得生疼。左右有人擦着他路过，多是捧着早点匆忙地吃。

他感觉冷，好像雾都随着风灌进他衣领里了。教室里的灯光轻得没有重量，像星星一样，被风吹上天，然后又轻飘飘、轻飘飘地落进他眼底了。

清晨的灯光在他眼里摇晃着，晃过整个早读。四周响亮的读书声，他捧着一本历史书，视线一直在那几行停着，看不进去。手机躺在裤子的口袋里，他不时摸一下。他想它震起来，又怕它震起来。

他读的学校是有名的重点校，生活苦，校规极严。学生不准带手机。

可是有人带，偷偷带。他也偷偷带，却不敢打，不敢让同学知道，室友也不行。寝室里几个孩子都是农村的，总和他格外生分。他明白那叫距离感，自己的城市身份和他们的乡下身份拉开的距离。与家人周末来看他不同，他们的家人从没来过。

他们以为他娇惯、自私，便不与他往来，住在一间房，却很少说话。

他没辩解，甚至没想消除彼此的误会。他一个人，觉得似乎是被孤立了，从此他的世界便叫中午被日光照亮的路、午夜的月亮、晨起将灭的路灯填满。

自己的世界很安静。自己一个人没什么不好。

天逐渐亮起来，太阳在天边露出狭长的一片。有光照进教室，落在他捧书的手上。他看看皲裂的手背，眼底里还有光，还有光，看哪都青青的一片。

他有点恍然，似乎回到小时候太阳初升的早晨。上高中后他的感情忽然丰富起来，老是想起小时候，做同样的梦。梦里蹲在长满冬霜的芦苇地里，明明是冬天，风很大，但芦苇却疯狂地拔节生长，庞大的绿色海洋，几欲将他淹没。

梦里的冬天是不冷的。后来母亲也来他身旁，比现在年轻的样子。他们一起蹲着，蹲在茂盛的芦苇地里。太阳升起来，照在苇叶上一层层复杂的光晕。他们脚下潮湿的土地冒出一缕缕水蒸气，在朝阳地里，映出柔软的影子。

这是周六，没有课程，学生都在教室里上自习。他不知母亲的车开到哪了，晓雾散去后路面会不会很滑。四周很安静，人们都伏在桌面上读书。若配上黑暗的背景色，就是小时候没有星光的夜。

小时候的夜是平缓的。多年以后他回想起来，觉得那时候的夜大约充满水一样柔软的暗质，夜是会流淌的。

然而他怕黑，自小就怕黑。他缩在自己的小小床上，感觉那些神啊鬼啊，摸着他的脚脖子，扼住了他的手腕。他就尖叫着冲向母亲的房间。

母亲的床有让人心安的氛围。他的眼睛适应了黑暗，周围像白天一样清楚。窗台上的花，吞吐着屋子里的气息，微微颤动一下。地板上的拖鞋，立在墙角的衣柜，似乎都开始动起来，都动了起来。他便不安分，蹬开被子，要和他们一起动。

母亲使劲按住他，要他睡觉。似乎只是一小段时间，很快拖鞋衣柜们都安静下来，他一直奇怪母亲难道看不见他们吗？流动的夜灌进他的眼，灌进他的耳，他沉浸在自己漫长的呼吸中，一会儿就睡着了。

上午统共四节课，前两节他几乎什么都没干。把笔拿起来又放下，拿起来又放下，总是心神不宁。风夹带阳光在窗外呼啸而过。"要是下雪就好了。"他想。

后来忍不住，他把手机拿出来，用厚重的英语书挡住，注意四处的动静，用小指按字母，给母亲发短信。

"你到哪了？"

没有称谓，措辞一向不客气。说实话，他打心里不希望母亲周六来，他倒希望父亲来，但父亲是忙人，天南海北出差，一年见不了他几面。母亲来的时候总是攀着教室的门缝，轻声轻气地叫他："小茗——"

教室里的人都捂嘴偷笑，也有人阴阳怪调学母亲叫他的名。

他感到厌烦，很是厌烦。那些嘈杂的声音，连耳根都被吵得燥热。

然而他却不知该将厌烦指向谁。是同学，还是母亲。

他也曾对母亲分外依恋，父亲不在家的时日里，她便是支柱。

那也是小时候的夜，第一次因为受凉抽筋。他被疼醒后，摸到小腿上的肌肉像虫一样四处蠕动，最后全聚集到小腿上半部分，郁结成块。他不知那是抽筋，以为腿要断了，大嚷大叫。母亲赤脚跑过来，给他搬腿，把他抱在怀里，给他抹眼泪。

她的怀抱是叫人有安全感的气场。他疼得睡不着，母亲抱着他到天亮。她的怀抱，叫人平静，叫人放松，似乎是用光填充的，包围他整个童年。

手机又震起来了。嗡嗡嗡嗡。

他把手机插在裤袋里，只露出明亮的屏幕。

"我马上就到了。"

他不回复，也不知怎么回复。脑袋里乱哄哄的，嗡嗡嗡嗡，全是手机细碎的震动声。

他想那个时刻就要来了，母亲搭着门缝，叫他的小名，然后满屋子都是"小茗小茗"的乱叫。他感到羞耻，厌烦，还是厌烦。

他曾经给母亲发信息说周末不要来了。

"你别管了，"母亲回复道，"不麻烦的，该买的都给你买了。"

她还以为自己是怕她麻烦呢。她老是这样以为，老这样自以为是。他还记得初中结束的夏天，他拿到自己的成绩单后手一直抖，母亲却强颜欢笑，几天之内办好各种手续，对坐在房间里发呆的他说："我带你，去丽江走走吧。"

他不愿去。那年夏天雨水很多，他所在的城市到处都发霉，缭缭绕绕的霉味让他头脑发晕。丽江又能好到哪去，即使有阳光也是浸了雨水的，会浇他一头一脸。

然而最终还是去了。母亲晕车，坐在大巴上吐了一路，虚弱至极时还不忘指着窗外叫他看。他看到了，蔓延好几里的黄色小花，公路两旁簇着巨大的花田。阳光从云朵里漏出来，不是一泻而下，而是真正的光线，笔直的，能看到明亮的光路。

他想，哦，这就是丽江。丽江古城，潮湿的小房子，阴暗的巷道，路边摆摊、穿少数民族服装的姑娘，丽江也下雨，也发霉，但在他去的那几天，阳光一直很好。

最后一天他却和母亲起了争执。在拉市海，他们坐在有船公摆渡的小舟上，他和船公交涉好，要划着桨让母亲给他拍照。身后是望不到边的干净水面，他站在船头上，船摇晃，他也跟着摇晃，晃得更厉害。

母亲说："你别站那么高，会掉下来。"

"没事没事，"他挥挥手，冲母亲说，"你快照啊。"

"你先下来，"母亲仍坚持，"下来再照。"

他又感到烦，很是不耐烦。她总是自以为是，不尊重他的意愿。他把桨扔到舟上，"不照了，"他说着，从船头跳下来。"不照了，"他重复一遍，"不愿照那你自己照吧。"

母亲举着相机的姿势僵在那里，一会儿才慢慢把手放下来。她冲船公尴尬地笑笑，把桨拿起来，递还到人家手里。

之后他与母亲坐在船的两侧，他背过身去，不看母亲。

"喀嚓。"他听到一声，混着水面上的凉风。

"喀嚓。"

又一声。

他转过身，看到母亲向着宽阔的江面，对着空无一物的江面，"喀嚓喀嚓"地拍起照来。

"小茗小茗……"

他听到他的名字了。门被扒开小缝，母亲向里张望，用手抚额前的头发。

他立马站起身，拽着书包晃晃地离开教室。还是有人笑，一直都有人笑。他觉得自己像个小丑。

风很大，母亲鼻子红红的。她揽着大包小包，还要帮他提书包。

"你给我，你别动。"他小声说，后退两步，又把几个包从母亲手里扯过来。

"走吧，去食堂。"风吹过来，母亲的头发还是很乱，她抚了两下，对他说。

他在母亲身后，总刻意保持一点点距离。母亲似乎觉察到什么，回头看他两眼。走两步，又回头看看。他把外套拉链拉到下巴尖，把眼睛深深地埋下去。

吃饭时母亲话多起来。她给他带了鸡翅，满满一大饭盒，打开时还冒着热气。

"吃，快吃啊，刚给你做的，趁热啊。"她絮絮叨叨地说，用筷子夹到他碗里。看他咽下去，又不停问，"好吃吗，好吃吗。"

絮叨。絮叨。叫他厌烦，难以忍受。

母亲坐在那里，似乎胖了。脸上的肉很软，下巴也有两层。他一直奇怪父亲是怎么和母亲在一起的。他是有情调的男人，出差时总不忘寄来明信片，鲜艳的颜色，烙印着当地浓郁的民族色彩。

而母亲呢，母亲呢？她的手在日复一日的洗涮中变得粗糙起皱，她隔三差五要去染发，发根萌生的白色，从没停止过生长，她精心于一分一毫的钱，占一点小便宜也会沾沾自喜很久。

她就是小人物，无论怎么说只是小人物，自以为是的小人物。不甚磊落，与光明绝缘。

他不知究竟是什么变了。小时候他以为母亲的床很安全，她的怀抱很温暖，但现在不同了。他又想起夏天的丽江，她为什么对江面拍照，为什么忍气吞声？

到底哪里和从前不一样了？

到底是谁变了？

这个城市没有丽江厚实的云朵。阳光一泻而下，母亲坐在那里，坐在光里，眯着眼睛看他吃饭，像是睡着了。

母亲离开前，在宿舍楼前的空地和他聊天。风很大，阳光很刺眼。他缩着脖子跺着脚，不耐烦地听母亲一遍遍重复琐事。她说一句他点一下头。他想让她快走。

"手机还有电吗？"母亲问他。

"有的。"他答，想掏出来确认。但忽然看到班主任向这边走来，他赶忙把手机往口袋里按一下，再按一下。

"老师好。"他眼皮垂着，毕恭毕敬叫道。

母亲忽然意识过来，转过身，脸上的表情变得很恭敬，甚至有些献媚。她迎上去，和班主任握手，问他："我们家小茗最近怎么样啊？"

老师便和母亲聊起来，说他懂事啊什么的。母亲赶忙补上两句："是老师教得好。"

两人互相夸着，他就站在那里。他感觉很无措，手脚也不知往哪摆。

后来母亲大约很兴奋，兴奋得过头，对班主任说："小茗给我发信息说老师您一直挺照顾他的……"

他的血一下子涌到头顶，清晨那一片光又出现了，晃啊晃，青色的，在他眼底晃啊晃。他都快站不住了。

他仔细留意班主任。班主任似乎皱了一下眉头，又似乎没皱。他一直胆小，小时候怕黑夜、怕鬼，现在怕嘲笑、怕训斥。他怕班主任没收手机，训斥他。

班主任很快走了。他确保班主任听不见，冲到母亲面前，冲她吼："你胡说八道什么啊。"

母亲很诧异，没反应过来。他又吼："说什么我给你发信息啊，你还怕他不给我没收啊。"

"啊。"母亲用手捂住嘴，"我忘了，我怎么说出来了。"但随即她又把手放下，拍拍他的肩，"没事，你班主任没听见。"

"什么没听见。"他闪开，再后退一步，"上周刚没收一人的手机，叫他回家反省了。你别给我添麻烦了行不行。你是不是嫌我事不够多啊。"

最后他把行李箱的伸缩柄扔给母亲，行李箱装满母亲带给他的东西，都没拿出来。"你走吧。"他说。

母亲的手在空中，抓了一下，又抓了一下。抓空了，伸缩柄摔在地上。她的手凝在那里，安安静静，不知所措的姿态。

"你走吧。"他又重复一遍。转身离开母亲，向宿舍楼走去。大约过了很久，他听见母亲拖着沉重的行李箱离开了，在不平整的道路上，发出"咕噜咕噜"的声音。

他忍着，一直确信母亲走远才往后看。母亲拖着箱子，身影逆光，一片黑暗。

咕噜咕噜。

咕噜咕噜。

他朝宿舍走去，洞开的大门，向外涌出潮气。他走进去，好像再也不能出来似的。母亲应该走远了吧。他忽然想起她的手，粗糙的、被风吹红的、停在空中不知所措的手。

他有点想哭。

他太渺小了。

回寝室后他躺在床上一言不发。他想究竟是谁变了，究竟什么不一样了。

据说母亲当姑娘时不是这样的。她没这么好的脾气。她和他一样，胆小。但又不一样，她怕的是虫子。同时她又野蛮，不讲理，好和人吵架。

但有他后，母亲脾气越来越柔顺。她不再怕虫子，家里有潮虫爬的时候，她毫无惧色地用卫生纸捏起来，扔进马桶里。

他又想起她母亲为他的成绩强颜欢笑，带他去丽江，叫他看花田。母亲在拉市海拍的照片，洗出来后除了干净的水面，他还看到了自己的脸。他坐在船上，在阳光下眯着眼。他不知这是母亲什么时候拍的。

她在雨天冷天会发短信叮嘱自己多穿衣服。

她每个周末要坐好久的车来看他，给他带吃的，即便已经看到儿子眼中的抗拒和不耐烦。

她是小人物，是自以为是的小人物，但为自己安排了生活，安排了未来。

她是小人物，但她也是他妈妈。即使不被谅解、被怨恨，也毫无怨言。

似乎是变了，但想想仿佛又没变。一切像拉市海上空没有定数的云，飘飘荡荡，飘飘荡荡。

-8℃

他又想起昨天手机报里提到的最低温度。他犹豫了一下，但马上编辑了短信："这两天一直在降温，多穿点。"

收件人是"妈妈"。

做完这一切他把手机放在枕边，他等着它亮起来。他知道它很快会亮起来。

寝室里有人睡着了，发出类似动物反刍的声音。

眼底的光，晃啊晃，晃啊晃。

他趴在床上，努力支起头看到天上潮湿的大太阳，感觉全身都软了下来。

橙色精灵

文/蒉意

这个世界上，会不会恰好存在一种像橙色精灵一般的女孩？

一

25岁，我从大学的襁褓中被硬生生地拖出来，一个人找不到去路，没有方向。都说毕业等于失业，纯净的校园怎么比得过复杂的社会？

只不过，这里又多余了一个落魄的人。

我想，回历城吧。

在那里，总有些熟悉的面孔，对你露出真心的笑。

爸妈打电话问我需要准备什么，我说不用，我要自己在外面租房子，在成功之前绝不来打扰。

我说这话时，心里已经在敲鼓了，可电话那头却传来一阵爽朗的笑，仿佛是在笑我彼时的倔强和逞强。

我不好意思地挂了电话。

为了省钱，买一张硬座火车票，一个人拎着厚重的行李箱，准备以这个健壮结实的身体坐一夜。

我想年轻人没什么。

火车鸣笛的声音让我想起四年前，爸妈在站台上，对着我使劲挥手，好像两个小孩儿。那时，他们是对我怀抱着怎样的期盼和愿望啊。

我挪了挪位置，想换个舒服点的姿势，却发现自己的左肩膀已经被一个女孩占领。我愣了一会儿，仔细看她，她睡着的样子真可爱。也许是不小心的吧，所以我走运了喽。灰头土脸地回历城，一路上还有这样的艳遇，这会不会是上天对我的一点点怜悯呢？

我不动了，把头微微仰起，靠在后背上，闭上双眼。

如果有人看见了，会不会以为这是一对情侣呢？

二

"啊……"女孩睁开双眼，一时不知所措。我看着她慌乱的样子，真是可爱。

"在我肩膀上躺了一夜哦，一夜哦。"

"啊……这……对不起……"

"哎哟，好酸啊，肩膀都没有力气了。"

"啊，真不好意思，我……"女孩泛着刚睡醒朦胧又被我吓坏了的双眼，眼泪都在眼眶里打转了，我忍住笑，刚想问你要怎么办，她突然就冒出一句话，"我请你喝酸奶。"

"啊？"没等我回过神，她便拉了我去火车上的餐厅买酸奶。一把丁玲桄榔的硬币落进钱包之后，便只有两人一盒酸奶的场面。是的，我们两个人，坐在餐桌前，桌上一盒酸奶，一根吸管。

她静默了几秒钟，便拿起酸奶，撕开奶页一角，把吸管放进去，递到我眼前，"喏，给你。"

"这可是你自愿的。"我接过酸奶，猛地一吸，橙子香草绕在唇齿间。偏过头去看那女孩，她用一种类似小狗般的可怜眼神盯着我，不，确切地说，是盯着我手里的那盒酸奶。

见我看她，她便又低下头去，长长的睫毛一张一合。

许久，她拉拉我的衣角，"能不能给我留点儿？"

我丢下酸奶，拉她去冰柜前："真麻烦，倒不如别给我喝了，要什么，自己选。"

"要……和你一样的。"她低着头，细细地说，不敢看我。

"橙子味的？"

"嗯。"

我拿上一盒酸奶，"走。"

泛90
第十三届新概念获奖者翘楚新作精华
B卷

于是，早晨6：30，偌大的餐厅里，人流涌动的嘈杂环境中，难以想象这样的两个人，一人一盒橙味酸奶，正襟危坐，和周遭格格不入。

三

火车正点到站。

我拿下行李箱，下了站。

历城果然没有变多少。

依然是那座民风质朴的沿海小镇。

似乎连我小时候常待的一条小巷子也没有被拆迁。

一切都如往事翻新一样，历历在目。

先回了趟家，放下行李，便立刻出去。母校的老师打了个电话，说若我愿意可以去那里试试。我整理了一下，便立刻赶去面试。

我在大学学的是中文系，做语文老师绰绰有余。

因为都是熟知的面孔，很快，工作便有了着落。

走出校门，门卫喊住了我，寒暄几句，言辞中透出变化真大这样的感叹，我想我是再也装不了高中生了。

我忽然想起对父母说过的话。

"我要去外面租房子，成功之前绝不来打扰。"

狠狠拍了一下脑门，气话，全是气话！我身无分文，才刚找到工作，哪有钱去租房子。

我闷闷地回到家中，爸在饭桌上提起这件事，说倒是可以先借我一点儿，但有利息，他神色淡然地说，妈推了他一把，他把她推了回去："利息么和银行利率一样，每个月还一次，还清为止。"

我想了想，答应了下来。

没几天，便搬进了城郊一处带阁楼的老房子，房租很便宜。只是要每天早晨坐公车绕过整个历城去学校，再每晚坐公车绕过整个历城回家。

若不是那女孩的出现，我想一两年内我的生活便是如此的往复周始。

四

她说她叫CoCo，我问她真名，她不肯告诉我。于是我对她说我叫Jack，开膛手Jack。她什么也没说，只是对着我笑，笑得花枝乱颤。

CoCo很喜欢橙子，所有有关橙子的东西她都喜欢。

她曾经试图把我的房子变成她梦幻中的王国，画了几个橙子，弄了把小剪刀，剪了没几下便放弃了。嘟嘟嘴，一句我就是没有文艺天赋。

我轻笑着，拍拍她的肩，把一盒酸奶递给她，"喏，给你的。"

她的双眼立刻亮丽起来，神采飞扬地接过酸奶。

许久，她对我说酸奶是用牛奶做的，我点点头。她又说你知道什么呀，我点点头。她指了指盒子，是用一等牛奶做的，我又点点头。

她不再说话，埋头猛喝。

"傻丫头。"我一声清浅的笑，带有几分宠溺。

五

谁知道我们为什么会相遇呢？

你原本的目的地是哪里，你又为何会和我坐在同一辆火车、同一节车厢，恰好的邻座，而又为何会发生之前的种种呢？

在这个十三亿人口的国家，我们怎么恰好就能够相遇，相遇之后就能说上话，说上话之后便能手牵手呢？

是不是，这是一列多米诺骨牌。

一环套一环。

从你倒向我肩膀的一刻，我就被单单套住，再也无法脱逃。

六

CoCo问我知道安吉天荒坪吗？我撩起她额前的几缕刘海，对怀里的小人儿吐出三个字，"不知道。"

"那里啊，没有光污染，每天都有流星飞过。"

"哦？"

"我一直想去那里看橙色的夜天光。"

"夜天光？"

"就是太阳落入地平18度以后的无月晴夜，远离城市灯光的空寒地带。夜空呈现出暗淡迷散光辉。"

"哦。如果抓不到人，就我陪你去咯。"我笑着刮了她一下鼻尖。

她却突然环住我的脖子，慢慢靠近，我的眼睛不由自主地闭上。

"骗你的，呵呵。"

我睁开眼，望着小人得志般大笑的她，狠狠抽了自己一巴掌。

七

学校里的生活烦闷无比，现在的高中生，都早熟得很，连闲暇时谈的都紧紧围绕着工作、专业、学分，完全没有十七八岁年龄的灿烂，而是彻头彻尾的书呆子、小大人。

对于课堂，他们不要求多么生动活泼，多么有启发思维。他们只要看问题，记下问题的答案，再熟练地背出来，运用它填满空白试卷。

这对于一个追求刺激的文人，是多么平淡而又辛辣的镇静剂。

我在这一群毫无生气的孩子中间，有如突兀又尴尬的一尊雕塑。

我的笑话不好笑吗，对你们毫无作用吗，为什么CoCo却笑得捂住肚子了呢？我费劲心血，散发出的微薄的光和热，都要被你们这群冰山驱散吗？为什么你们和我的CoCo那么不同。

明明大家都是相差不了多少岁，一样的青春年少，

我突然想起语文书上鲁迅的一句话：即使无聊生者不生，厌见者不厌，于己于人，也都还不错。

八

对CoCo，我知道的零星片羽。

除了名字、性别、长相、年龄，便一无所知。

我不知道她住在哪里，每晚从我这里出去之后又往何处进发，她从哪儿来，为什么到历城，她是不是还在念大学？

这些，我都无从所知。

她也不肯透露只言片羽。

但是这都不影响我去喜欢她。

她像个会散发出橙子香的精灵，驱散我从学校里带回来的满身沉重。

CoCo说她喜欢橙子，喜欢得不得了。

她从来不用刀切橙子，她说把连在一齐的兄弟分开多可怜啊。相比，她倒愿意用手剥，剥去皮之后，手上便会有一整天的橙子香。

掠过我的眼睛，掠过我的额头，停留在发隙间。

是的，她撩起我的头发，叫我的名字，用夏天里短短的几秒。我看着她精致的脸庞，小巧的下巴，阳光照面时脸上细细的绒毛，我有些醉了。

便是不由分说，感情驱使她动作。

风吹过陈旧的窗，帘子微微浮起，半是天明半是灰暗的阁楼里，一个海蓝色T恤深沉牛仔裤的男生，拖起他身边懵懂女生的脸，轻印上纯粹的吻。淡橘色连衣裙荡漾起不知名的涟漪，于这样一个喧闹的下午三四点，时光静止。

九

CoCo搬了进来，一个旅行箱，没有别的累赘。

在我写作的阁楼里，便常常多出一个橙子。

我总能在一片灰暗的楼梯上，第一眼便看到那个鲜亮的颜色，我承认，我爱上它了。新鲜的橙，活泼的橙，香甜的橙，所有美好的辞藻都可以用来形容它，正如我的CoCo。

亲吻橙子如同亲吻CoCo的唇。

甜蜜的感觉从味蕾传输至心野，便成为无人辨认的小小心思，值得一生珍藏。

我经常在双休日一个人窝在阁楼里写文字，一待便没日没夜，以至于连她何时进入都不曾察觉。

她拉拉我的衣角，我说CoCo乖，先到一边看书。于是她很乖巧地坐到

泛90
第十三届新概念获奖者翘楚新作精华
B卷

床上，翻开我放在枕头边上的小说，真巧，是我写的故事。

便是一段时间的凝结，彼此都忙于他物，偌大的老房子，灰暗而没有阳光的阁楼，只有纸张被翻动的，还有我沙沙落笔的声音。木质的楼梯，散发出了混合了雨天清新沉静的橙子香。

是CoCo很喜欢的味道。

待我放下笔，长舒一口气，回过头去看她，却发现她已泪流满面，又想哭又怕吵到我的这副模样，嚅嚅嗫嗫，泣不成声。

我走过去把她搂入怀中，"傻丫头，有什么好哭的。"

她断断续续的，哽咽着，"为什么……要是悲剧……爱情不应该得到……祝福？为什么……偏偏……要离开……"

CoCo窝在我怀里，泪水清冽躺下，肩膀微微颤动，胸口因为呼吸而上下浮动，眼角的泪痕粘住了两鬓黑发，哭得脏兮兮的。

我摸摸她的头，"一篇小说而已。"

她过了许久才停止哭泣。第二天两只眼睛又红又肿，她在房间里死死抵住门不让我进去。我每每想起这个，总要酸她一番，笑着拍她的头，"你要不要再来阁楼呀？"她总会惊恐地连连摇头，说"不不，不去"。说罢便疯似地逃走，只留一缕清新的橙子香，在我身边。

+

自从那一次，CoCo再没来我的阁楼。

仿佛一下子安静了整个世界。

我剥了一个橙，打开她的房间门——她正在写东西。

"你在写什么？"我笑着走向她的背影。

"不能给你看！"

"哦？怎么不能？"

"至少现在不能……"

她转过身，把背影留给了我。

我突兀而又尴尬地站立在她身后，渐渐被失落包裹。

怎么了，你从什么时候开始对我有所保留，不愿将视为珍贵的东西与我分享。你在害怕吗？你不相信我吗？还是日子的平淡往复已经留不住恍如精灵般的你？

而这些，又全部是因为我作为男友无法陪伴你的失职与失信？

CoCo突然转过头，对我俏皮地吐吐舌头，"我写的怎么比得上你呀！"

这简单的字眼，有如阳光穿过浓密的乌云，在我的左心房领空上划上永远的标识，将我又一次牢牢套住。

"CoCo，我们去天荒坪好吗？"

"啊……好！"

<h1 style="text-align:center">十一</h1>

精心着装，为了配得上仲夏美好的夜天光。CoCo穿上她的桃红色雪纺裙，裙边印有细密的小碎花。我们坐火车，用生命里最盛大的庄严，CoCo说那是她从十二岁便开始憧憬的梦想。

有一天，会有男孩牵着她的手，在安吉天荒坪的石板上，一起看夜天光。

她把头靠在我的肩膀上，我笑了笑，"你故意的。"

"嗯，故意的。"她平静地说，"会觉得好怀念，好幸福。"

"那么闭上眼睛吧。"

于是她闭上双眼，沉沉地睡去。她的睫毛微微拂动，呼吸撩拨我的心弦。我想吻她，却不能动弹。便如那日初见，把头微微扬起，靠在后背上，闭上双眼。

午后的耀眼阳光，肆无忌惮。

我瞪着铜铃大的眼睛，硬是片刻也睡不着。便静静地坐立，低下头看肩膀上的小人儿。一不小心被我发现，她眼角淡淡的泪痕，是新近的哭泣。

CoCo又哭过了什么？

因为什么呢？

在我对着高中那群闷小孩的过程中，CoCo又经历了些什么？

我无从而知。

瞥过窗外，一朵白云飘过，遮住了太阳，视线终于不那么苍白模糊。

泛90
第十三届新概念获奖者翘楚新作精华
B卷

十二

"丫头，醒醒。我们到啦。"

"嗯？哦。"她揉揉睡眼，慵懒的样子，"我睡了多久了？"

"很久了哦。肩膀都僵硬了，哎呀，好酸呀！"我咧开了嘴，夸张地叫痛，为的只是CoCo的会心一笑。她只是淡淡的一句，"别闹！"

完全不是她应该有的口气。

完全不像她的天性。

我拉她的手，把她带下火车。

安吉的天荒坪，没有光污染，每天都有流星。

我们草草解决了晚饭，把全部力气都保留在今晚的主角。

暮色低垂，白日里浑浊的空气突然变得清新与透明，我背着手，偏过头去看CoCo，微微扬起额角，一副"看吧一定会很美"的得意表情。

"CoCo，我还没有真正向你说过吧。"

"诶？"

"我喜欢你。"

终于，我可以这样面向你，对着暗夜的天空，将这句话缓缓说出口。

青青石板路，一对正值青春美好的情侣，男生拥有温柔的目光，女生慌乱中充盈着幸福，男生搂住女生的腰，慢慢把头探下。夏夜清凉的风拂过他们身边，吹散了女生身上的橙子香。男生闻到甜美的味道，那是女生和他一起之后所散发出的香，是因为雌性荷尔蒙而产生的特殊气息。在唇碰触唇的一刻，他们身后出现了橙色的夜天光。

CoCo尖叫起来，"看，夜天光！"

我扣住她的十指，"CoCo，我们奔跑吧。"

"嗯！"

于是，天荒坪的石板上，满是橙色夜天光的天幕下，我们奔跑，用尽一生的等待，寻找到彼此生命中的另一半，我们相视而笑的声音成为永恒。

气喘吁吁地停下，来不及说话，即便说了我也听不到。眼中只有不远处更加绚烂的夜天光，我拉着CoCo的手，奔向远方，却恰好忽略一个危险的预兆。

"徐风，真想和你永远在一起……"

十三

或许，有一种幸福，是会招来妒忌的。

我曾为我们想过很多种结局，却没想到会是这样。

CoCo，我以为我们可以克服种种磨难，相伴到满头银发。我以为纵使困难，也会是你又多了一个追求者，或者我又有了一个爱慕我的人，我如何料想，我们的结局，会是这样。

十四

晨风微微，睁开惺忪睡眼，掀起被角，却发现另一个存在已经消失不见。

上洗手间了吧。

我这么认为。

几分钟，十几分钟，我坐着等了多久，记不清了。

冲出房门，打开洗手间，空无一人。

仔仔细细地找遍了旅馆，没有她。

跑到总台，询问一个穿桃红色雪纺裙十九岁左右的女孩，柜台里的服务生说早上六点，她一个人走了。

把我丢在这里。

CoCo，走了。

不，不相信，去了天荒坪？去买东西？先回历城？给我个惊喜？让我大吃一惊？

我退了房，在天荒坪吹了一天的风。

终于知道，她没可能再回来了。

便是又一副灰头土脸的模样，回到历城。

火车上的邻座是个睡觉打呼、一点儿都不赏心悦目的东北汉。

我还是喜欢她的，我还是要她留在我身边的。

为什么，她义无反顾？

十五

已经多少个星期了，数不清。

没有她的消息，她留下的橙子都烂透了，出现了五彩的颜色。

我请了很久的病假，校务处主任打电话来告诫我"你不想干就说一声，别玩这一套"。那个女人，在我还念高中的时候便成天训斥我，趾高气昂，让人十分不爽。我冲她大吼，"老子他妈就不想干了，你这个老处女！"

顿时哑气，电话那头传来剧烈喘气的愤怒，"好，好，这可是你说的，晚了别来求我！"她狠狠挂下电话。

在我这头，便是长久的"嘟——嘟——嘟"，在空旷的房子里显得尤为清晰。我瞥过CoCo曾经住过的房间，门半开着，等我来推开。

于是，我推开了它。

整洁的床单，写字台，窗帘上的小碎花真够可爱的。

我坐到书桌前，打开台灯。它在我这里，发出耀眼的光，把我当成了中心。

书桌上空荡荡的，什么也没有。打开第一个抽屉，还是什么也没有。

CoCo就真完全剥离了我的世界了吗？

抽开中间的那一个，几页稿纸落入我的眼眶。

那是她留给我的最后回忆了吧。

十六

徐风：

当你看到这封信时，我已经回家了。

你也该猜到了吧，我不告诉你真名，不告诉你家乡，不让你知道我的过往。因为那些都是你不该清楚的，即便知道了，我也依然要走。

告诉你，只会让你揪住不放。

所以，当我是一阵风，吹过之后就不要再回头张望。

这是我第一次离家出走。

因为父母逼我报我不喜欢的专业。

我在火车上，看见了你，一不小心倒在你的肩膀，又一不小心睡着了。那时，我还没有目的地，也不知道今后怎么生存。

我只想，待几天，让他们着急。

直到你下了车，我便悄悄跟在你身后，来到历城。你坐的出租车开得飞快，我跟不上，就失去了你的踪迹。那一晚，我在车站，坐了漫长的八小时。

真巧，我们又见面了。公交车站，我们打了个照面。后来，我又住了进来。真好，有了住的地方，有了吃的东西，有了可以依靠的人。

你的吻技真不赖，嘴唇覆盖上软软的另一瓣唇，温润而香醇的味道便散发开来。

我知道，我喜欢上这个人了。

当我以为，日子会一直甜蜜下去时，他们找到了我，把你批判得一无是处，我说我不回去，他们便要找到你的学校说要开除你。他们很神通广大的，找到了我，可以让学校开除你，让我乖乖回去。

徐风，伤害你真的不是我本意。

只希望，你能不忘记，你的CoCo。

十七

这便是我苦苦追寻的真相。

知道了又如何？她在哪里，此刻又在做什么？

你知道吗，你清楚吗，你能做什么呢？

除了痛，不知哪来的痛，但又真真切切感受到的痛，其他什么都没有。

CoCo，你若能回来，放下整个世界我都愿意。

十八

在一个月内，我写下一本书。

没日没夜地写，有关CoCo，有关我。

泛
90
第十三届新概念获奖者翘楚新作精华
B
卷

后来，这本书出版了，感动了历城的男男女女。

我把房子退掉，打开家门。

"爸，妈，我回来了。"

满是成功，满是朝气地回家。

只不过，在一个人的时候，望着窗台上鲜亮的橙——那是我认识CoCo以来保留的习惯，内心还是有被撕裂的疼痛一阵一阵地传来。

十九

CoCo，若你的离开是为了让我想念。

那么，谢谢你完整了我的思念。

第三辑　夏末列车

巴士11号

凤眼

爱情实验

明天

一夏的南国

云洗森严

巴士11号

文/邢颖

　　这些字，都在一间叫"巴士11号"的咖啡店里完成。以此写给我一直以来都惺惺相惜的生活，永远都不会忘怀的人。它们像是海滩上轻轻荡漾起来的咸涩夏风，低低的海浪隐隐地退去，留下几块七彩的碎贝壳的颜色。柔软的纯金色沙子在夕阳下微微地发出淡淡的光圈，一群海鸥扑闪着洁白的翅膀飞起。那些穿梭过我单薄青春的文字，在古老的木桥尽头安静地睡着。它们日复一日地歌唱，祈祷，循环往复，无止休。像是一个拥有闪着亮光的天使光环的婴儿，那么纯粹，安详。

　　{菊。雏菊的菊。}

　　鲁延安。

　　夏天快要过完的时候，我在自己手心写下这个名字，然后紧紧地握住这一片温暖至极的潮湿。我想，我只要稍稍安静下来，就会轻而易举地流出眼泪。抬起头，看到窗台上摆放着的盆栽是雏菊，精致小巧的样子。它们那淡淡的花香随窗外浅灰色的云朵稀稀落落地漂浮着。我想，分别，也许就只是寻找一个可以寄托思念的物体。而已。

　　那天，背着大大的帆布书包去邮局给她寄厚厚的信。在封信口的时候，轻轻颤抖地说，延安，你还好吗？夕阳像香喷喷的刚出炉的牛奶面包，涂抹在信封上。其实，我也不知道我们究竟在一起过了多少个夏天了。只是依稀记得，在很久以前的时候，每当吹过来粘腻的海蓝色夏风，延安就总会像一个快乐美丽的天使一样，笑着拉我直跑去远离市中心的海滩边。我们在一起喝完大瓶大瓶的可乐，一起听风铃摇曳时发出的清脆响

泛90
第十三届新概念获奖者翘楚新作精华
B卷

声，一起骑着单车，在树叶浓密处的暧昧阳光下穿梭。不知怎么，我的记忆在此时却变地稀薄，或者是永无。

以前，我总是独自拿着一瓶娃哈哈穿过乱糟糟的操场。我穿着缀着小小的钻石的淡花边的裙子，左手上戴着一根透明的巴西手链，中间镂空，银色的边缘微微刻着精致的鱼纹。然后，也总会有一个拥有白皙的脸蛋的女生从对面走过来。那是夏天美丽的黄昏，她穿着拖鞋，头发刚刚洗过，湿漉漉地散着清香。她手里拎着两个热水瓶，脸上露出足够动人的小小的酒窝。她就这样从宿舍楼里出来朝我走来，然后叫我的名字，邢微微，微微。

她那一对漆黑而清凉的瞳仁里溢散出充满善意的、虽微弱但却让人不由心生怜爱的光芒。这个刘海浓密，有婴儿肥皮肤的女孩子总是微微地歪斜着脑袋，她对我笑，咧开嘴巴，露出整齐雪白的牙齿来。她就是鲁延安。从此，我也开始固执的认定，她就是我的天使，我生命中的精灵。

鲁延安就坐在我后面。我的同桌叫顾谦羿，一个头发凌乱，深沉忧郁的男生。不喜欢篮球，不喜欢电脑游戏，不喜欢看日本动漫，但却热衷于化学和文字。延安喜欢顾谦羿，是那种无可救药的喜欢。每一次我看到延安提到他时，那激动而兴奋的神情，我就开始陷入一种措手不及的恐慌。我的手指开始逐渐冰凉，一根一根的。我总是想知道，这究竟预示着什么。

那天，我和延安在图书馆查资料，顾谦羿坐在她对面。我隐隐看到谦羿脸庞的轮廓，那样的精致，就像他的人一样。我暗暗地对我自己说，邢微微，你要坚强。延安是个孩子，你要保护她。

我告诉延安说，海滩边的那家"巴士11号"咖啡店是我最喜欢的地方。淡雅的音乐，干净的海风，暖暖的阳光。

然后谦羿约我到了这家"巴士11号"。他就坐在我对面，穿着隐约印有CK标志的衬衫，头发依旧凌乱。我伸手便能够触摸到他的侧脸，可是我总是错觉他站在离我好远的地方叫：延安，延安。但仔细看他的口型，才知道他在叫：微微，微微。

谦羿深深地凝视着我，他的眼神就宛如一潭宁静的湖水，波澜不惊。他刚要张口说些什么的时候，我拼命地摆手，示意他不要说。知道就好，不要说，不要。

后来延安送给我一大束雏菊花。她告诉我说，这代表幸福。

微微，你相信蓝色的凌乱时光会静止吗？

嗯……应该不会吧。

为什么呢？

因为有天使在不停地行走呀。

微微，如果有一天我走了，不在你身边了。你也一定要……好好的。

诗儿，其实你没有必要说这个。

……

决定要去加拿大了吗？

微微，我走了，你也要幸福。

雏菊枯萎。眼泪焚烧。灭。

{冰。白色的冰激淋的冰。}

我独自伫立在大大的太阳底下，看冰激淋融化流泪。

我从小就是一个热爱童话的女孩。我很喜欢安徒生，那个传说中长有像深海处的鲨鱼的胡须一样花白的胡子的老爷爷。我还喜欢他笔下一望无际的麦田。我在南方长大，只见过望不到尽头的水稻在炎阳下疯狂廉耻地生长。

夏天彻底结束的时候，我收到谦彤从杭州寄来的信。

长信的结尾赫然写着几个凌乱的大字：微微，我一直记得那家"巴士11号"，那不仅是一间收留我们孤独心灵的咖啡小店子，更是一辆开往Neverland的车。你要好好的。

季节在栀子花开的时节里蔓延，我依旧独自拿着一本白色封面的童话书，穿着那条底边上绣有一圈雏菊的裙子，漫步在碧绿的草地中央。白色的鸽子亲吻我依旧冰凉的手指，我不知道，它能否给我带厚厚的信给谦彤。那些曾经传过的模糊不清的纸条如果订在一起，将会是给我们彼此最好的纪念。我看着那一排排字，跌跌撞撞地走进那些拥挤的记忆里面。

尘寰也许会像夏天里最亮的眼睛，看穿我们心底隐藏得最久的秘密。

我总是错觉我们还都是小孩子，我们还都没有长大，我们有着最本质最干净的笑容和想念。某年某月的某个深秋，谦彤还会像原来答应我的那样，带我去北方麦田。

黄昏，我们坐在麦田里，或者是随便聊天，或者一起沉默。起风了，我们或者不知道，曾经那些枯萎的黄叶，究竟是铺在记忆的起点，还是终点。

或者我们继续待在南方海边的某个空气潮湿的小城，有时间又去靠海的咖啡厅里说话。

也许咖啡会在精致的玻璃桌上散着它的余温，然后我就用钥匙勺缓缓搅动这暗栗色的液体。

也许落地窗外，一群美丽的海鸥会轻轻地掠过水蓝色的一望无际的海面。

也许我们会听到彼此最欣赏的维也纳钢琴曲。

也许我们会想起延安，想起那些翻越过高高的栅栏去买冰糖葫芦的时光。

也许，也许我这种日复一日的想象终究会像一缕又一缕青烟，在雾气弥漫的清晨逐渐消散开来，然后却消失不见。

微微，你相信大海中会有童话吗？

相信啊。当然相信。

为什么呢？

没有为什么啊，我一直就相信呢。一定会有，对吧，谦羿。

微微说一定，就一定。

谦羿，你会走吗？

……

谦羿，其实，我不喜欢冰淇淋，因为它们像我的手指一样，冰凉，彻骨。

——微微，你要幸福。

谦羿送给我的白色的冰激淋被南方的大太阳灼伤。我一个人站在蔚蓝的海洋深处，看着海浪汹涌地翻腾。我依然试图去寻找，那一个传说中不会孤单的黑色童话。

{颜色。狮子的颜色的颜色。}

阳光从卧室里静静地抖落下来，空气里流动的全部都是蜂蜜的味道。细小的毛绒尘埃悄悄地铺在我紧握的深蓝色水笔的笔尖上，然后再变成纯净的湛蓝，缓缓地沉淀下去。我在洁白的纸张上写出那些凌乱的、错杂的辞藻，逐渐清晰起来的轮廓就那样在我的眼前变得清晰起来。

　　记忆好像已经裂了缝，扯开一道巨大的口子，一些黑暗而残忍的东西源源不断地流淌进来，然后渗入心脏。断层的时光里，仿佛只残留下一个男孩子拉着一个扎着节节辫的女孩子在洁白的雪地里飞快奔跑的身影，像是一组又一组的黑白胶控图片。女孩子不小心摔到了，脏兮兮的雪粘在她微瘦的脸蛋上，她紧紧地咬着牙，抬起头望着那个男孩子。他慌张地牵起她冻得冰凉的手，她给了他一个笑容。她不停地在念叨，她说，不疼，我不疼，真的不。

　　女孩子穿得太过单薄，终究在雪地里瑟瑟发抖起来。她的两瓣嘴唇被冻成深深浅浅的紫色和红色，像极了她和男孩子曾经走过的无数的明明灭灭的悲悲凄凄。男孩子的眼神敏感而善良，女孩子却眼神倔强。然后，他毫不犹豫地脱下自己的外套，心疼地披在女孩子瘦弱的身体上。那一片皑皑的白雪里，他们用一根五颜六色的彩线，把故事穿成一幅正在焚烧的图画。它燃烧起来，然后再黯淡。

　　来来往往的大人们责备着、嘲笑着，他们用极其严肃的口吻对自己牵着的孩子们说，千万不要像雪地里那两个坏孩子那样。孩子们的眼神里透着无知和恐慌。他们永远都不会知道，这些苍老的旧故事，在这个男孩子和女孩子的成长中是烙下了多么刻骨铭心的痕迹。即使岁月被磨损，老去。它们，依然是他们生命的光亮。

　　花花绿绿的糖纸，吹得大大的肥皂泡，飞得高高的气球，松软的泥巴，大大小小的足球都是这个男孩子与这个女孩子之间共同的秘密和童话。

　　它们如同彩色的铅笔，在男孩子和女孩子的世界里勾勒出茫远湛蓝的苍穹。也许这个男孩子和这个女孩子会想要躲在这个安静甜美的童话世界里不出来，也许他们会永远牵着手走过有大大的玩具飞机场的童年，也许他们会开心地笑，开心地唱歌，开心地流泪。也许男孩子会是王子，女孩子会是戴着用玻璃皇冠代替闪闪发光的水晶皇冠的公主。也许他们会幸福。

　　但是当他们要逃避的时候，他们就会变成别人。

永无。

原来，这男孩子是这个女孩子的妈妈捡回来的没人要的、被人遗弃的孩子。男孩子从小就知道他要比别人坚强。他要用自己的男子汉的力量来保护这个妹妹，保护这个女孩子。

但是，这个女孩子和她的妈妈终于要走了，去国外见爸爸。妈妈给这个女孩子穿好漂亮的公主裙，扎好大大的海蓝色蝴蝶结，这个女孩子眼看就要变成真正的公主了。这个女孩子非常想念她的爸爸，但是她一想到要离开这个男孩子，就特别难受。

这个男孩子知道了这一切，他还是决定，要让这个女孩子走。他知道一个没有爸爸和妈妈的孩子是多么的无助和脆弱，于是他自己决定离开。这个男孩子以为，只要自己走掉，这个女孩子就能够幸福。最后，男孩子走了，女孩子也走了。

彼此离开后，他们才发现，从前的那一切，是多么像一个盛大的万花筒，里面装满了幻觉。

这个女孩子就是邢微微，就是我。

现在这个女孩子和这个男孩子相见了。男孩子带着另一个女孩子。

这个女孩子问另一个女孩子最喜欢什么颜色的时候，那个女孩子娇滴滴地说："狮子的颜色。"

记忆开始了在从久远的年代里的长途跋涉，这个女孩子难过地哭了。

原来，从前这个男孩子在雪地里给这个女孩子披过的衣服，是这个女孩子送给这个男孩子的生日礼物，而衣服的颜色，是这个女孩子最喜欢的、狮子的颜色。

哥，你还好吗？

嗯。因为我知道世界上还有一个你。

哥，那个女孩子很可爱呢。

微微，其实我……

哥，什么都别说了，好好爱她。其实，……我也已经有喜欢的人了。

微微，你要幸福。你必须变得快乐。

哥，其实你不知道，那件有狮子颜色的曾经你披给我的外套，被我在黑暗中端详了一遍又一遍。哥，不要孤单，你还有"巴士11号"，还有我。

〔独白〕

我叫微微，微小的微。一个瘦弱、大眼睛、长发的小小女孩。

我喜欢白色的冰激淋、狮子的颜色和鹅黄色的小雏菊花。

它们仿佛一扇通往另一个世界的窗口，透过它们，看见"巴士11号"咖啡店安静地躲在葱郁繁茂的树木后面，看见谦羿一脸干净笑容地站在那里冲我摆手微笑，看见延安瘦弱令人怜惜的背影在黄昏的光芒里慢慢远去。

我一个人坐在"巴士11号"靠窗的位置，灰紫色的天空像是一个充满了气的大皮囊，重重地朝着深蓝色的翻腾海面压下来，几抹淡红色的晚霞像是一片格外柔软的梦，在远处隐约地滚动游弋。曾经来过的人早已经不在，但是我想，就算为了别人，我们也要幸福。

凤 眼

文/王天宁

　　眼下甲生所能回忆起来的场景，宛如一部绵延不断的连环画，眼前的老人是实打实的女主角。

　　而男主角呢？说爷爷也可，说父亲也可，既连自己，也有足够的资格在里面搀和一脚，自己是一项重要的配角，没有自己不行，故事连不成故事了。

　　若说老人的前半生是简洁晓畅的素描，经历的三年自然灾害啊"文化大革命"啊，只是作者分心时潦草画劈的厚重一笔；老人后来的几十年，却是大泼墨、大写意的中国山水画，每一笔都极具匠心，将色彩发挥到极致。

　　先是多年前因为家境贫寒，爷爷的肺病久治不愈终发展成癌。他去世的那晚甲生在场，爷爷激烈的仿佛要把残破的肺咳爆的咳嗽声给他留下了深重的阴影，他闭眼前咳出的那滩血正正好好落在甲生的心上——从此他作画总是慎重地避开绛红色，唯恐触及心中说不上惊骇还是悲痛的回忆。而老人的悲痛更甚于甲生，这谁都能看出来，她在爷爷去世后的几年里整个人眼瞧着衰弱、苍老，时常在晴好的天坐在太阳地里缩成小小的一团。

　　后来父亲炒股失败，工厂倒闭。她的另一半天在父亲夜夜不眠不休的自怨自艾和满地灰色的烟蒂中迅速土崩瓦解。这样的日子一直到学习成绩向来不怎么样的甲生执起画笔才开始出现转机——至少甲生自己这样笃定地相信。家中的条件如甲生逃课学来的水粉一般，愈来愈朝多姿多彩的方向发展。

　　想来这时该给老人晦暗的生活增添一笔阳光的暖色调，老人却得了病。这病来得突然，晨起后她在儿媳妇的侍候下穿好鞋袜，整个人披散着满头白发来到热气腾腾的饭桌前，这让甲生三口错愕不已。老人爱美，平日头发打理得服服帖帖，一天换一副耳环一周不见重样。

她愣愣地盯着饭桌，不理睬儿子儿媳不断叫她坐下来吃早餐的招呼。整个人前倾身体，蹒跚着小脚满屋子走了一趟，中间停下来在壁橱中拔翻了几处。"奶奶您找什么呢？"甲生把咸菜夹进嘴里，问。

"我的凤眼呢？"老人重在饭桌前停住，"给我凤眼，我要吃凤眼。"越说越快，越说越急，嘴中不断重复地只有这几个字。

"妈妈，您怎么了，妈！"父母放下碗，急切地迎上去。

甲生抬起头，在老人慌张抗拒急切的眼神里发现什么，焕然大悟。悟出来后便觉得这屋子的边边角角暗了下去，如同一幅画跌了一个色阶。

奶奶糊涂了。

甲生揉揉眼睛，给画上老人密密匝匝的皱纹添上阴影，整幅画厚实地宛如有了重量。坐远一点观赏，画上的老人和坐在面前的老人隐约重叠在一起。他可以肯定，这是一幅好画。不仅因为他的画技越来越纯熟，奶奶这模特当得也够格，她在甲生的叮嘱下，半个多小时几乎一动不动，苍白的头发随着她的呼吸在头顶一颤一颤的。

她这样的年纪，头脑又不清楚，几乎是没有知觉的假人，听凭孙子对她的安排。"哎，您别动奶奶，马上给您画好。"方才老人端坐在沙发上，四肢僵硬得很，刚想用手抓痒，就听眼尖的甲生急切地呵喝。她不抓了，她忍着身上的痒好久，眯起昏花的眼看男孩子拿着笔在画纸上抹来抹去。这样的场景有些滑稽，老人不知道发生了什么，隐约记得男孩告诉她过会她就会出现在画纸上。

男孩子不知用什么颜料调和成乳白色，粘稠的，沾了满笔一下一下往画纸上抹。那一抹白色带着老人的眼球上蹿下跳，她察觉喉咙咕噜作响，痒得紧。"凤眼。"她憋着嗓子轻轻念了一声，男孩子正专注，眼神分寸不离开画纸。

她馋了。她几乎要流口水了。她打心里明白，自己年轻时谁都吃，谁都有，就她没有。如今她疯魔了一般，满心想的只有那个凤眼。

后来啊，后来，她的眼前黑一阵白一阵，她几乎不认得那个全神贯注的男孩子了。她闭起眼睛，重重叠叠的光影冲进来，混在一起，一抹白，一抹白，还是一抹白。老人发觉自己格外放松，格外安逸。

老人再次睁开眼看见甲生时，男孩子正举着一幅画像在她面前，"奶

泛
90
第十三届新概念获奖者翘楚新作精华
B
卷

奶，奶奶，"他兴奋地喊，"您看看，我画的，像不像您？"

她被男孩子吵醒，画像在眼前摇来摆去。她凝神瞧了一会，看不出里面的人是谁。"谁……谁啊？"她嘟囔着问男孩子。

"就是您，奶奶，就是您。"他的兴奋劲儿还没消下去。

"哦……"她缓缓应着，气息慢慢低下去。男孩子瞪大眼睛，整张脸也随老人的气息沉下去。此时老人蓦地起身，慢慢挪着步子往屋外走。

"您到哪去，奶奶？"甲生粗起嗓子喊。

"甲生快放学回来了，我给他做饭去。"老人苍老的声音从屋外传进来。

甲生立在原地，把画紧紧攥在手里。

"说起来啊，我妈年轻时也是十里八乡出名的美人。要不，我爹那么优秀的条件，能追求我妈吗？"父亲在饭桌上用筷子敲着饭碟，嘴里说个没完。

母亲起身给眼神呆滞的奶奶盛饭，抿嘴含笑。给奶奶归置好，才悠悠地答话："你呀，当妈的漂亮，你这儿子脸上也有光。"

"那是。"父亲仰头滋下一口小酒，用手背擦擦额头，脸上果真油光可鉴，在灯下泛着光，像被狠狠涂了一层什么。

甲生咬着筷子，在父亲光滑的脸颊上仿佛过电一样看出一幕幕场景。

老人生为江南女子，由内而外散发出一种温文尔雅的气质。这气质似乎与书和水有关，同平庸女孩通过涂抹厚厚的脂粉修饰出来漂亮脸蛋给人的感受是迥乎不同的，这气质如血液，渗透在骨髓里，无法从身上剥离。想来那时在国民党当差的爷爷就是被这种特殊气质吸引的。

那是个黄昏，浪漫的场景只有黄昏最合衬。爷爷骑着不算高的马途经溪旁，远远望见在平坦的岩石上用棒槌敲打衣服的奶奶。春天，水有些凉，她的一双手在风中被吹得通红。

爷爷从马上下来，眼睛黏在她通红的手上，挪不开了。

后来他可能说了好听的话，做了让人感动的事，总之他把奶奶的这双手捂暖了，紧紧抱在怀里，几十年也没有放开。

细节甲生就不想了，想想觉得害羞。这毕竟是长辈们的旧事了。即使战事结束后国民党逃到台湾，爷爷这样的小官在当地极不招待见。日子实在过不下去，就带奶奶回老家务农。长年的劳作让奶奶变得苍老，明眸跟善睐也不再搭界，她爱打扮，却没有好的衣服和有价值的首饰；然而即使穿着布衣，她身上那股气质，带给人的感情色彩类似不怒自威，几十年如一日的笼罩在她身上。

"清水出芙蓉，天然去雕饰。"甲生那次犯困的时候，迷迷糊糊地听到语文老师念这句话，恍然觉得这就是为奶奶写的，因此那节课听得前所未有的认真。

约摸十年前《还珠格格》正热播，甲生清早被奶奶叫醒后，两只睡得迷迷糊糊的小眼睛一眨不眨地盯着十四寸的电视机，瞧着没心没肺的小燕子翻墙走壁、嘀咕些颠三倒四的话，他觉得好玩，赤着上身笑得整张床拼命颤抖，无论穿衣、吃早晨都极不配合，仿佛魂灵都被大眼睛的小燕子勾走了。

奶奶急了，用窄瘦的上身挡住电视机，"我年轻的时候啊，化化妆不比那个小燕子差。"她用手戳了两下电视屏幕，"你啊，老老实实穿衣吃饭，要不——"她故意停顿下来，"你就别看什么小燕子了，看奶奶吧。"

甲生抬起头，看了看她。盯着她的眼睛使劲发了一会儿呆，然后在父母惊诧的目光下，乖乖抓来衣服，套在头上。

其实她的眼神是温柔的，如今想来似乎是慈爱的。他往里看，能看到那些东西。那几乎代表一种无形的压迫力，既连现在，甲生仍觉得，除了遵从老人的话再无其他选择。

甲生愣了半天，直到父亲有些不耐地敲他的碗，才一个激灵从回忆里拔出来。

"快点吃，"父亲不悦，皱起眉头，"吃个饭都能发呆，我可算知道你上课是怎么上的了。"

甲生要辩解，嘴一张开便被母亲从桌下拉住手。"钱甲生，"父亲接着说，"吃完饭，你给我回房老老实实看书做作业去，别老想着画画。挺大个人了，你现实一点好不好。这个时代啊，养活不了艺术家。我们钱家祖祖辈辈没出个搞什么所谓艺术的，你啊，也别搞什么特殊了，你瞧自己的资质，也特殊不起来。好好学习，上个好大学，比什么都重要。"

甲生不言语，这番话他早就听腻歪了。他想画，他觉得无论发生什么，无论家人支持与否他都要画。他是钱甲生，不是别人，他是为自己活的。

其实自始至终他都有一点希冀，这希冀不是别的，是他的梦想。它如此强烈，以至于时刻都有一把小火苗在心底蹭蹭的燃烧着。他甚至有些打趣地想，自己对画画的渴望与奶奶对凤眼的渴望是如出一辙的吧——虽然至今他都不知道凤眼究竟是个什么东西。

"奶奶想吃凤眼，很想吃。"他轻声嘀咕了一句，撇一下双眼正直直面向饭桌、为防止弄脏衣服，颈间围着围脖的老人。

"什么？"父亲问，"钱甲生你大声一点，你要对我有意见你可以提，你大声一点，男孩子别瞎嘀咕，会让人笑话的。"

"我说，"甲生气沉丹田，"奶奶想吃凤眼，很想吃。"

这一句几乎是吼出来的。

他把碗推开，起身离开饭桌。"我也一样。"他接着刚才的句儿，又说，故意让爸妈听见。

他们面面相觑。

他们听见了，没听懂。

甲生觉得，这堆书本对他没什么意义。有什么意义呢？发下来大半学期了，它们几乎还是崭新的，即使不包书皮，边角也不起丝毫皱褶。同样，书本里的内容也干干净净，不见在字行下留下一点痕迹。

他只是有点固执地坚信，每一本书都是一件艺术品，任何对它们最原始的、不带任何美感的处理，都是强加在这件艺术品上的瑕疵。日久瑕疵多了，艺术品不叫艺术品了，叫废物。

画画也是如此。

每一张画他都精心对待，半点马虎都是对自己的不尊重。自始至终，只有当他的右手抓住画笔并在画纸上舞动时，他才感觉自己的心灵找到了真正的归宿。

他从抽屉深处翻出旧画笔，把书本推到一旁，没有画纸没有颜料也在桌面上工工整整地画起来。

其实心里什么都有。

恍然间他听到脚步声，一下一下在他的房门前停住了。甲生慌忙把画笔塞进抽屉中。果然是父亲例行检查。他见甲生手里捧着书，顿时眉开眼笑。折身出门捧了一杯水进来，放在甲生的左手旁。

"累了就歇歇，"他笑，"好小子，你将来会出息你信不？咱们钱家出来的人都是撑门户的。"

"爸爸，"甲生放下杯子，"凤眼到底是什么东西？"

"这我哪知道，"父亲边说边往后退，"好好学习，奶奶糊涂了，那都是胡话，不能当真的。"

"可是，我们要问清了啊，爸爸。"甲生有些急切，"你要多关心奶奶啊。"

"她是我妈我不关心她关心谁？"父亲一挥手，"行了别想别的，赶紧学习。"说罢退出书房。

"哎，你晓得什么是凤眼吗？"专业课上，甲生问身边正在画画的同学。

"只听说过龙眼。"对方不解，"听起来像水果名。有什么特征？"他接着问。

甲生想起昨晚自己也问过同样的问题给老人。她说不清，甲生也听不懂。自她糊涂后，甲生就要求和奶奶睡在一起。甲生有时候想，老人真像个大婴儿，须人照顾，睡着时气息格外安静。这样真好，活了几十年又活了回去，从前的那些苦恼啊烦怨啊可以统统不作数。

"是我奶奶要吃的，"甲生解释说，"她说是什么妃子吃的。她这里——"甲生指指自己的太阳穴，"这里不太好。"

对方沉思片刻，做出恍然大悟的神情，眼睛瞪得溜圆，低声念到："一骑红尘妃子笑，无人知是荔枝来。"

"是荔枝。"他格外笃定地对甲生说。

"可是凤眼……"甲生犹豫。

"这样，"男生不停下手里的画，"放学后去买一袋荔枝，给老人带回去。给她吃，问问她要的是不是这个。"

对方不再作声，注意力重又转移到自己的画上。

甲生看看自己沾满乱七八糟颜料的手背，心里像被火舌包围一般，暖。

初夏时荔枝已上市，甲生拖着长长的塑料袋子，奔跑时敲打他的小腿肚。

打开家门后满头满脸的汗顾不上擦，冲里屋朗声喊道："凤眼来了，凤眼买来了。"

父母搀着奶奶走出来，脸上既有不惑又有兴奋，一看满兜荔枝，两人立马傻了眼。唯有老人，浑浊的双眼在那一刻猛然变得清亮，目光凝结成一束，像阳光一样从眼球深处迸射出来。

甲生给老人剥好，放进她嘴里。老人满是皱纹的双眼紧闭在一起，牙齿早已掉光的嘴缓慢蠕动着，喉咙一颤，叹息道："凤眼，凤眼……"

父亲猛然一拍脑门，"哎呀，我爹年轻时管给我妈带的荔枝叫凤眼。这凤眼啊，和龙眼是相对的。我妈那时候舍不得吃，让我和我爹吃了。那时候条件困难啊。哎，好小子，你，你是怎么想到的。"

甲生搀过奶奶，"因为我关心她。"

父亲哽住，一下子说不出话来。

母亲在近旁轻声说："老太太不容易啊，只有老了、糊涂了才知道自己最想要什么。"

甲生搀着老人走到阳台上，刚下过雨，天空明净。天空瓦蓝瓦蓝的，太阳沉在最西边，把天空一角染得金黄一片。

"奶奶，其实我现在就知道自己最想要什么。所以我不要等，我以后不想留遗憾。"甲生靠在老人肩上，一如年少时甘愿被那双目光制服。他忽然心肠柔软的，想要回到小时候。

"甲生快回来了吧。"老人忽然说，"走，给他做饭去，我的甲生要回来了。"

甲生笑，紧紧搂住老人。"奶奶，甲生放学了，早回来了。"

可不是吗，这么多年他一直在尝试，用画笔给自己铺一条五彩斑斓的路。甭管家人是否支持，是否欣赏，他一心要走这条路。

其实心里什么都有。

他踏上去了，就从没想过回头。

爱情实验

文/马盼盼

1

早晨醒来，看着在电脑前双手击键如飞的小朴，我说，要有光。小朴停下双手，回头看我，发现我躺在床上笑嘻嘻地看着他，并不是在说梦话。于是他站起身，拉开了窗帘，一瞬间，温暖的阳光溢满山洞。

2

这是我山洞生活的第三天，山洞在半山腰，除了外面我们住的这个山洞，穿过一段狭窄的湿地，里面还有一个很宽阔的大山洞，大山洞的后面，有一泉清水。不知道小朴是怎么找到这个地方的。他跟我在网上说起这个地方的时候，我还以为这只是一个美好的诱饵，为了骗我到他身边陪着他，海市蜃楼他都编得出来。

我怀疑这里以前肯定住过修行的道士，或者隐居的高人。这里太适合隐居了，洞口向阳，洞内有水。每天坐在洞口，呼吸呼吸新鲜空气，晒晒太阳，饿了就取一些水做饭吃。当然，小朴是不会像古人那样容易知足的。他把这里弄得像个度假酒店一样，有简易沙发，有折叠床，有电脑，有足够吃一个月的各种美食。为防止飞禽走兽的骚扰，他还在洞口装了门窗，挂上了窗帘。最后，他还把我给忽悠来了。不过来了之后，我觉得他并不是忽悠我，他是在拯救我。

3

除了偶尔会因为抢着用电脑发生一些争执之外，我和小朴相处得很愉快。这里比在城市里生活好多了，来了之后我做的第一件事就是把手机交给小朴保管，我怕我会忍不住告诉朋友我的幸福生活。如果他们相信我的话，肯定会组团来的。那就不好玩了。再者，关键是，这是小朴的地方。他来这个地方，除了避世以外，更多的，是为了写一本书。

小朴是个写书的人，我曾经在他奋笔疾书的时候偷偷看过几眼，没能看明白，最后还被他发现了。他说他活着的时候不希望有人看到这本书。为了满足我的好奇心，他告诉我这是一本传世奇书，里面记载了他此生所有的研究和发现，后世之人得到此书，可以强身健体，益寿延年。

"就像本草纲目那样？"

"差不多吧，但比那种书有趣。"

算起来我们认识的时间已经超过一个多月了，这一个多月来他给了我很多惊喜。我不知道他为什么要对我好，毕竟我只是再普通不过的高中女生。我们的生活原本是离得很远很远的。

就像一个整天在电视上才能看到的大明星，突然有一天来到一个普通的女高中生面前说，我们交个朋友怎么样。区别只是他没有来到我面前，他只是在网上加了我的QQ而已。一开始我以为他是个骗子，但即便是个骗子，如此处心积虑地骗我，也挺不容易的。况且我根本没有什么可骗的，没有钱也没有姿色。我虽然有一堆朋友，但都是些可有可无的人，都只是因为迫不得已要在一起学习和生活才认识的。就像有一部电影里的台词——你每天走进菜市场都会看到猪头肉，不是因为你跟猪头肉有缘，而是因为猪肉铺是菜市场的第一间铺子。

所以一开始，即便觉得我的这个网友大概是个骗子，我也没有拆穿他，我想他大概只是爱吹牛而已，至于为什么爱吹牛，大概是有某种迫不得已不能言说的原因吧。

4

有时候我一觉醒来，会发现小朴正目不转睛地盯着我看，那种眼神我曾经在他看一株植物的时候看到过。对我来说他还是个很陌生的人，虽然很早以前就在电视访谈类节目上看到过他，但那时候他的身份是一名探险家。在认识他之前，最后一次看到他，是在一本杂志的封面上。而那时候，他的身份就只是一个平面模特。

所以对于他突然之间走进我的生活并且和我亲密无间这件事儿，我除了感到开心幸福之外，更多的还是莫名其妙和匪夷所思。

我不知道山洞生活会持续多久，就像他突然加我QQ，告诉我他是谁，然后要和我交朋友，半个月后就让我来这座山找他一样，也许突然有一天他觉得换一种生活方式，而这种生活方式里不需要我了，我恐怕就得离开。

5

在山洞里待了两个月之后，我感到有些无聊了，我想到这座山的其他地方看一看，可是小朴不允许。他只让我往山洞的深处走，走到山的心脏里去，可是里面漆黑一片，没有人陪伴我怎么敢进去。

无聊的时候我就坐在洞口发呆，遇到有鸟儿飞过来我就会想办法捉住它，然后编个笼子养起来。可是它陪伴我不了多久，就会被小朴吃掉。我埋怨起来，小朴就会说，是你捉的它呀？与其让它像个囚犯一样活着，不如用死来解脱它。

小朴的话让我有些害怕，因为我有时会突然觉得自己也像一只鸟儿一样被他囚禁着，虽然他对我很好，但说不定哪天他心情不好了就会把我吃掉。

6

在山洞生活了一年之后，我实在受不了了，我想出去走走。以前我很讨厌的城市生活现在却让我无比向往。我开始找各种借口为难小朴。比如在本该睡觉休息的时候故意不睡觉，还在山洞里走来走去制造噪音。每天都是小朴做饭给我吃，我以前觉得受宠若惊，现在却开始挑食。而且故意违背他的意思，在他下山购物的时候我会偷偷地离开山洞，四处走一走。

但是我找不到理由离开，离开山洞就意味着离开小朴。他不会为了我而改变他的生活方式，我留在这里他会很好地对我，像父亲，像哥哥，像情人一样对我。如果我离开了，我想象不出他会怎样，他可能会就此跟我一刀两断，就像从来没有认识过。如果是这样的话，我宁愿忍受这单调枯燥的山洞生活。我想我应该试着像刚开始那样去寻找和发现这种生活的美。我可以肯定我一旦离开这里，一定会怀念这里，会觉得这里美好无比。就像怀念小朴，他从一个我远远地仰望着的人，变成我生活中的必需品，如果有一天突然跟他分开了，我想我还会远远地仰望着他吧？

7

我们开始吵架。我简直不敢想象，有一天我会跟我仰视的人吵架。以前靠近这样的人我就会紧张，说不出一句话，一说话就脸红甚至结巴。可是现在，当我们在一起生活了两年之后，我们竟然开始吵架了。甚至有那么一瞬间，我觉得他真的是讨厌死了。为什么一定要我按照他的生活方式生活呢？为什么我们不能四处走一走。是的，他曾经是个探险家，还做过模特，飞行员等等。虽然他年纪并不大，有时候甚至还有些孩子气，可是他经历了太多太多了。所以他对外面的世界一点儿也不好奇。但我不一样，我只是一个十九岁的姑娘，十七岁离家出走来到这里之后，我就再也没有离开过这座山。而十七岁之前，我也没有去过什么地方。所以外面的世界对我来说是非常具有吸引力的。为什么他就不能理解呢？闻名不如见面，无论他讲得多么生动，终究抵不过带我去看一看。

8

有一天他说他下山去买食物，走的时候他带了很多东西，然后就再也没有回来。山洞里剩下的生活用品和食物只够维持一周的生活。这一周里我通宵达旦地上网，我到网上人肉搜索他，发现有好多人都在找他。区别只是找他的目的，他们是为了爱而寻找，我是恨，我想找到他然后揍他一顿。

最终所有的电池都被我用光，而用来发电的工具也被他带走了。我开始想念他，夜深的时候听到近处奇怪的鸟叫声我开始感到害怕，而以前，我觉得那种声音比人类的歌声美多了。

离开山洞的时候我放火烧毁了一切，我固执地认为小朴是故意离开我的，而不是在山下遭遇了什么意外，所以他不会再回来了。这个见证了我们两年生活的地方没有存在的必要了，也许以后还会有人找到这里，开始一段爱情，或者在这里了此残生，但我肯定不会再来了。我是这样想的，我带着爱来到这里，带着恨离开。

9

我回到城市里，被人问起这两年的生活，我只是摇头。没有什么可说的，我曾经以为那是常人无法拥有的幸福，现在却觉得只是一场骗局。我想我只是他的一个试验品。只是为什么偏偏是我呢？

既然从一开始就不是爱情，那为什么要开始，为什么要让我产生幻想。为什么要来认识我，给我一个美梦，又在我做到一半时把我叫醒，告诉我这只是一场梦。

我爱上让我奋不顾身的一个人，我以为这就是我所追求的世界。然而横冲直撞被误解被骗。是否成人的世界背后总有残缺？我走在每天必须面对的分岔路，我怀念过去单纯美好的小幸福。爱总是让人哭，让人觉得不满足……

我把这首孙燕姿的《天黑黑》换成了博客的背景音乐，每天听很多遍，最初听几句就想哭，觉得肝肠寸断，渐渐地也就习惯了，麻木了，甚至觉得有些烦躁。

人常说知足者常乐，我发现认识了小朴之后，我变得越来越不知足，越来越贪婪。我明明已经得到了很多以前想都不敢想的东西，可是我一点都不快乐。

我安慰自己说就当是一场游戏一场梦吧，可这场梦的代价未免有些大了，一梦两年，醒来之后所有的东西都跟以前不一样了。我人生的轨道已经转向，我将永远朝着这个扭曲的方向走下去了。

10

三年之后再在报纸上看到他，他的身份已经变成了一个游戏编程人员，他讲了很多关于游戏的东西，那些东西太专业，我全然不懂。只有最后一句我看明白了，那句话看似是在讲游戏里的人物，实际是在讲他自己，那句话是——活着上报纸，死了进博物馆。其实也是件挺没意思的事儿。

明 天

文/黄烨

门把"啪"一声被旋开，房间中涌进一束光。杜克转身，门立刻又与锁契合，房间回归于黑暗。

此时静默一片，黑暗让人无法看清房间的摆设，但毫无疑问，这是间不大的房间。黑暗的房间里传来倒吸气流的声音，传随而来几声哽咽，接着是三夹板门被撞击的声音——咚咚咚咚。杜克用头狠狠撞着门。"咚咚"的声音，不久又配上了几丝冷笑，笑声渐渐扩大，冷笑声不久转为了哭泣。杜克张大了嘴"啊啊"地发出音节，眼泪顺着他粗糙的皮肤划过脸颊，从他杂乱的胡茬上掉下去。

"噢，薇拉……你要是知道……我多么想你！噢，薇拉……"杜克呼喊道。

哭泣继续。

杜克的心俨然掉进宇宙中的空间垃圾，无法知晓光明的方向，黯黯飘浮于无尽之中。

杜克踢掉脚边的杂物，走向屋子中，房间仍未开灯，杜克走到一个柱状物体旁边后，蹲下来在一堆东西中摸索着。他突然停止了动作，他摸到了一个瓶子——那是一瓶酒。杜克凑进了看看瓶子，手凑到瓶盖——他的动作停住了，"嘭"一声，杜克突然将瓶子砸碎在地上，他大声地哭起来。杜克失望极了，他想念他的薇拉，噢，那个美丽的女孩子，他那么爱她！可是谁又知道呢？她突然就没有了消息！那个有珍珠色皮肤的薇拉，那个温良如同家乡河水一样的薇拉！杜克想着，心中像捅进了一把不规则形状的工具刀，绞动着，他疼痛难忍……

猛地一阵铃声，杜克一颤——那不是电话铃，杜克为了挣钱娶心爱的薇拉，他在这个城市中连个电话也不舍得买。那是闹钟，现在已经11点了，瞧，通常这个时候杜克一定是忙于自己的工作，11点——以前薇拉说她一定不让自己工作超过11点，不然她会为他心疼的。多么好的姑娘啊！

"噢，薇拉！"杜克忍不住地失声痛哭。

杜克踢到了什么东西，凭感觉那是一块碎玻璃，他拿起来在手腕上试了下，一用力，鲜血立马顺着手腕趟出细细的纹路，但那又算什么呢？他失去了薇拉，他挚爱的薇拉！杜克绝望起来，那么美好的薇拉，她一定等不及他了，她一定是的……"没有了薇拉我这样还有什么意义……"杜克突然这样想"是啊，还有什么意义！"

他又突然想到鲍勃……杜克突然咬牙切齿起来，他凭什么这样对待自己！就因为自己平庸的出身？是的，他的老板鲍勃，那个黑心利益的老板。他要杀了鲍勃，反正自己活着也毫无希望了。

杜克这么想着，他突然觉得自己勇猛起来，他甚至想象到了明天的报纸上登出的鲍勃的恶行与自己作为凶手的照片——人们会理解他的，当他们明白鲍勃只是一个丧尽天良的资本家！说不定薇拉也会看见的，可怜的薇拉失去了杜克！

杜克想到这不禁心中一软，"但愿她能再找到一个像我一样爱她的人。"杜克祈祷着。

"我得留下鲍勃罪行的证据！"杜克从地上爬起，径直走到书桌前，打开台灯，开始写到：

"亲爱的拉瓦：

当你明天收到这信的时候，我已无法与你见面了，但也许你可以见一下我的遗容……"

杜克写着，不知为何感到一丝苍凉，但他转念一想自己明天就是英雄了，他又动笔道：

"你知道的，我的那个老板鲍勃——当然他现在已不是我的老板了，说不准你明天见到他时他也与我一样死去了呢？

——不，他的死与我的是不同的！他只是一个利欲熏心的剥削者！你知道他让工人们都干什么吗？那是何等恐怖的景象，矮小的车间，他让那么多工人挤在一起！他们都是小孩子啊！他们可怜的小蓝眼睛16个小时无法见到完整的阳光！而他鲍勃的女儿却玩着整整一车间的童工们一个星期工钱才能换来的玩偶……"

杜克又不知觉地落下几滴泪，他又自然而然地想到明天，他将成为的伟岸样子，连他自己都有点佩服自己。

陶醉了片刻，杜克又开始写："算了，他的女儿也可怜哪，他的爸爸竟把她的母亲丢在家里，像个原封不动的蜡块！

你知道的，可恶的鲍勃一向看不起我们这样的人——乡下出来谋生的年轻人，穷得像圣诞节里挂在街角的一件破衣服！连他的雇员们也这样看我，他们窃窃私语，他们以为自己多清高！

哦，拉瓦……记得小时候我与你许的约定吗？我们在大城市赚够钱，把父母都从老家乡下接出来，买两幢相邻的房子，一起晒阳光，一起变老变胖……我怕是不能与你一起了，我要去结束鲍勃带给我的羞辱，去解放他工厂中的工人们！拉瓦，记得……不必挂念我，你的朋友杜克·威尔森是为了正义而亡的，你必须替他感到光荣！明天……明天……"

杜克望了一眼钟——11：20，临近午夜，他决定了午夜后出发，他会去终结这一切的。

"明天，记得带我的公文包去我的办公室，右手抽屉中有一叠账本，那是证据，黑心的鲍勃让我做的假账，你瞧，他骗了人民，他还蒙骗司法局！这个可恶的鲍勃……把账本拿走，那下面还有一张薇拉的照片……我的薇拉，她怕是离我而去了，但若明天她看了报道，觉得自己仍旧……仍旧……"

杜克迟疑着如何写下去，若薇拉真无"悔过"之心，自己岂不是……"你知道的，但愿薇拉看不到吧！"杜克写完，吁了一口气。

亲爱的拉瓦，我会永远想念你，还有记挂着我的所有人……但愿你理解我！

杜克·威尔森遗笔

××××·××·×11：30

杜克看着信，潸然泪下，他要告别这个世界了，但杜克也知道，自己明天即将成为英雄，成为一个他从未成为过的英雄！

杜克沉默了片刻，他突然想起拉瓦前些天弄丢了自己借给他的半个月的工资，"这个冒失鬼！他会把信也丢了的！"杜克尖叫道——若这样自己的死就无任何意义了。

杜克又立刻动起手来：

"亲爱的蒂安……"

杜克一看钟，已经过了十一点半，他要在明日太阳升起前成为英雄，无法像写给拉瓦一样再重复一遍信了。

"我的老板鲍勃，他是个黑心欲利的资本家，他压榨着劳动人民！你知道他的矮小的工厂吗？那里面有……"

杜克再一次怒气十足地写着。

我明天便去结束这一切，明天，人民将再一次获得自由，而我的死会微不足惜，你知道，终究要有一个人站起来，与这一切搏斗！

杜克·威尔森遗笔

××××·×××·×11：45

杜克又想到了薇拉，他的心爱的姑娘薇拉，他都在死前无法再看一眼她！

"噢，不！"杜克痛苦地叫了声。

"若蒂安也丢了这信……"一个不好的念头闪过杜克的脑袋。

杜克又提笔了：

"亲爱的塞巴斯蒂……"

"亲爱的保罗……"

"亲爱的本杰明……"

"……"

杜克一次又一次地写，不知疲倦。

他又望一眼钟，已经十一点五十五了，他必须马上写完这一封信，确保明天的行动万无一失。在明天太阳升起前结束这一切。

"亲爱的克里斯

我的老板鲍勃像所有资本家一样剥削着人民，我的薇拉像所有无知的少女一样离开了我……我明天……我明天……"

杜克猛地停了下来，他动了动自己干裂的嘴唇，睁了睁血丝分布的眼睛道："像所有资本家一样……像所有无知少女一样……唔唔……嗯？"杜克的笔停在"明天"二字后面，墨水在纸上晕开一大片。

"像所有的……所有的……"杜克干涩的喉咙中挤出这样几个音节。

窗外的黑暗发出咔嚓咔嚓的声音，俨然那些玻璃碎渣

分针缓缓走过密密麻麻的数字格，渐渐逼近十二。

"铛"时针指向十二或者说零——明天到来。

一夏的南国

文/蒉悫

一夏，你为什么来这儿？

因为……我没有钱。

微醉的时光一如耀眼过头的聚光灯，在最初的晕眩过后，就成了一片惨淡的白。

八月，盛夏来临。

优宁将了将额前的头发，笑着说手上的橙子味真香。

她的白色连衣裙上的小碎钻，闪烁着迷人的光。

她转过身，清风过境。

"夏，是盛夏啊！"少女惊叹。

久未见到的栀子花，也在八月盛开。

一夏，你知道吗？我会喜欢上这个盛夏……

他们第一次的遇见，便已充满时光戏谑又难测的线条，在那个名叫REBORN的酒吧里，她是今天生日派对上耀眼的主角，他则是一个出场并不华丽，至有些卑微的角色。

但是，当这样的他端着盘子，小心翼翼地为她送来生日蛋糕的时候，优宁就发现了，在迷乱的色彩中，唯独这个人，显得单薄无比。优宁问他的名字，原来，一夏。

一如来错季节的蝴蝶么？突然在这一刻张开华丽的翅膀。

他没有别的服务生黄黄的头发，没有他们钻孔的耳朵，没有他们衣服上闪光的亮片。他是个小丑，抑或是即将变成焦点的主角。

怀抱着某种，莫名的情绪。

优宁深深地记下了，他的名字。

很多时候，优宁就这样呆在不远处，观望着他，在吧台里，在拥挤的过道上，在昏暗的灯光下。因为他单薄无比得特殊，优宁的眼眸中从来没有失去他的踪影。

她撑着下巴，看着一夏从这里跑到那里，和酒吧里的一切格格不入。

一夏，你为什么来这儿呢？

栀子花开了，弥漫着芬芳。

优宁抬起头，浓密的树荫下，几隙阳光，濡濡少女又毫无预兆地想起了酒吧里单薄的少年，清瘦，寡言少语。

她知道，他从很远很远的地方来，他叫一夏，他才只有十七岁。

酒吧里的老板娘是个成天化浓妆的女人，优宁似乎从未见过她不化妆的模样。她总是看见她穿着暴露的衣服，化着黑色的烟熏妆，眼影中点点亮片，娇媚的红唇。她的声音很细，她和男人说话的时候是嗲声嗲气的，她叫他们老板。她在一天早晨发现了酒吧门前犹豫的一夏，先是一惊，然后笑着把手搭在他的肩上："怎么，想来赚大钱吗？"单薄的少年跨入了复杂迷乱的REBORN，成了老板娘徐月的半成品。

"一夏只能从最低级的服务生做起。"徐老板说，手指轻轻划过少年的脸颊。她对他的过往，只字不问。

八月，一夏在REBORN里，穿上服务生的衣服，一天又一天。然后，他认识了优宁。

优宁是个好女孩。一夏想着，那么单纯。

八月，浓密的树荫下，几隙阳光。

"一夏，你为什么来这儿？"优宁转过身，问他。

"因为……我没有钱。"少年的眼神冷漠又悲戚。

"一夏，还要回REBORN吗？"

"嗯。"

一夏，你是处于自愿还是被逼无奈？

不知从何时起，少年不必再每天端盘子，他的脖间挂上了夸张的链子，他开始穿破洞的牛仔裤，开始在腰间系上金属的腰带，他的手臂上纹上了一只蝴蝶的纹身，他的头发变长了，他戴上了墨镜。

优宁穿着白色的连衣裙，望着眼前的一夏，她抓住少年的衣角："一夏，你什么时候变得如此难看了？"

优宁不愿意他变成这样，他应当是个单纯的孩子，是个美丽的少年，是个干净的男孩子，他不应该在这不属于他的天地里，去扮演一个难看的自己。

这很虚伪，不是吗？

"优宁，这是徐老板的安排。"

"一夏，你还要回REBORN吗？"优宁抬起头，清澈的眼眸里一丝隐忍的悲戚。

"嗯，我需要钱。"

八月，盛夏来临。

南国的夏季，栀子花盛开。

优宁举起手，风打乱了原本的节奏。她本要去拾那一朵纯白的花，可是它却被风吹落，消失在天涯。

一夏，我会失去你吗？会再也不认得你吗？

墨绿色的，格子衬衫，面前的少年，终于卸下沉默低沉的眼睑，把嘴角上扬成最好看的弧线，逆着盛夏的阳光。这是在优宁的梦中，优宁牵过一夏的手："我们再也不要回REBORN了！"

可是一场梦境之后，只有虚无。一夏不是那个墨绿色少年，一夏也没有对着优宁微笑，一夏还是要回到REBORN。

优宁不知道为什么一夏那么需要钱，钱只不过是一张薄薄的纸。为什么那么多人要为了它犯错，然后一错再错，不听也不顾别人的劝告，奋不顾身地跳入漩涡。

为什么，一夏，本该是美丽妥帖的年华，怎会变成如此？

八月的末尾，优宁站在天台上，仰头数着她的星，一颗，两颗……

优宁多想在这样的时候，和一夏注视着同一颗星。

可是她忘了，一夏的夜是注定要在REBORN充满重金属和电吉他的混杂中度过的。

优宁的口中，类似"物欲横流"的呢喃不由自主地出现。

八月的末尾，优宁换下她钟爱的白色连衣裙，穿上一身桃红色的紧身装，破洞的牛仔裤，戴上碎钻的耳环，用湿润的海绵拭去脸上的灰尘，重新扑上一层粉。浅浅的米黄色眼影，粉红色唇蜜，一些淡淡的腮红。她披散下长发，夹上一个馨黄色的珍珠发饰。

她对着镜子，呢喃着："一夏，一夏……"

夜色如水，迷乱嘈杂的REBORN里，电吉他疯狂地摇摆，音乐的分贝狂妄着炫耀，男人和女人扭动着身体，轻擦暧昧。徐老板睁大了眼盯着优宁，蓦地又用嗲声嗲气的声音说："呦，这是哪儿来的仙女呀！"

"我要一夏。"优宁说。

"知道了，知道了，他现在可不叫一夏，他叫冰冰。"

优宁没再理她，独自一人坐到沙发上，循着徐老板远去的方向，眉头骤紧。

一夏坐在另一个女人身旁，那个女人披散着与优宁一样的长发，戴着优宁一样的耳钻，穿着优宁一样的装束。她紧贴着一夏，手指划过他的脸颊，举起酒杯，递到他跟前，看着他乖乖地一饮而尽，满足地笑了。然后，她从包里拿出一些红纸头，塞到了一夏的手中。一夏惊异地看着她，几秒钟后笑了。他凑近了她，在她的耳边停留了一会儿，好像在说着什么。两个人的距离，那么近那么近。他说着一些暧昧的话，女人笑了。一夏如同一个老练的陪酒郎。他学会并且熟练运用了怎么取悦客人的方法，从徐老板那里。

优宁转过头，不再看他。平复着愤怒的心情。

过了一会儿，一夏来了。黑背心，牛仔裤，亮片，涂过啫喱水的头发，戴了一只蓝色耳钉的耳朵，不再是原来的一夏。

他坐到优宁身边。

"一夏，过得好吗？"优宁忍着愤怒。

"嗯。"他似有似无地回答着。

"我要上学了，应经是八月的末尾了，时间过得真快，不是吗？"优宁笑起来，强忍着苦涩。少年抬起头，眼神中一丝丝嗔怒，他握住她的肩膀，优宁不再笑，看着这张美好的脸，过了许久，他终于说；"优宁，你真难看。"

"可是一夏，你不也……"少女不再看他的眼睛，"比我更难看吗？"

"优宁，你这个年龄是最不需要化妆的，你为什么要……"

"因为……"她低下头，握住一夏的手，再往外一推，把自己剥离了他的双手，"因为我想陪着你。"

"……"

"一夏，你还会呆在REBORN吗？"

"……嗯。"

"呵，呵。"优宁苦笑着，第三次问一夏，回答还是一样的肯定。优宁改变不了他，她只能看着他一步步跳入漩涡，自己却什么都做不了。

"优宁，别管我了，别再管我了。"

"……"

"优宁，你快走吧。"

"一夏，钱真的那么重要吗？你要钱来做什么呢？"

他只是沉默，优宁望着他什么也不说什么也不做的样子，想起他刚才和那个女人的种种亲密，气愤得失去了理智。她从包里拿出几张红色的纸头。

"给你！你拿着它，快离开这里！"优宁站了起来，把钱砸到了少年的身上，她为自己曾经对这个人的萌动而感到无比可悲。

一夏什么话也不说，只是沉默。优宁揪住他的衣襟："你为什么不骂我，你为什么不拿着这些钱，你说话呀，你骂我呀，你装什么！"

一夏还是什么话也不说，尴尬的时刻，谁都不知道优宁接下去会做什么。徐老板皱紧了眉头，上来圆场。她指着沉默的少年，骂他怎么可以让客人这么不快，一边又和优宁赔不是。"道歉，快！"她对一夏说。

一夏坐在沙发上，低着头，拾起散落在地上的红纸头，笑了笑，说："不够……"

泛
90
第十三届新概念获奖者翘楚新作精华

B
卷

"你……"优宁气得话都说不出来了，她立刻转头，跑出了酒吧。

"你去死吧，去死吧……"她抹着眼泪，怨恨地说。

优宁，你是否知道，一夏为了让你离开那个灯红酒绿的REBORN……

九月，灿烂的阳光，透过浓密的树荫，栀子花落了。

优宁脱下桃红色的紧身衣，背上书包，去她的高中报到了。

繁重的课业，暂时让她空闲不下来。

如果说忙碌也是一种资本。

那么优宁宁可忙一些，这样就不会有时间去想起REBORN里的少年了。

可是，一切就是这么机缘巧合吗？优宁和一夏的再度相遇，像是冥冥中上天的苦心安排。

为了买书，优宁记得很清楚，为了买书，才去了书店，却不经意间看见两个身影，正走进一家宾馆。男孩走在女人的身后，女人趾高气扬地在他前面，挎着包，亮片，全是亮片。男孩的手插进裤袋里，优宁看不见他的眼睛。

"一夏，你给我站住！"优宁冲他们大喊。

"别理她。"女人轻蔑地说。少年低下头，沉默。

"一夏！"优宁跑过去，拉起他的手，"我们走！"她狠狠地瞪着这个妖艳的女人，脂粉味浓厚。

他们奔跑着，穿过街道，穿过小巷子，穿过立交桥。

"优宁，等一下。"

少女停下来，望着气喘吁吁的少年。她走上前，少年抬起头。

一个响亮的声音，少年的脸上五个红红的印。

几秒钟凝结。

被一场突如其来的哭泣打破。

优宁靠在一夏的肩膀上，眼泪。

"一夏，你这个大笨蛋，你这个大笨蛋。"

"优宁，不是说好了别再管我吗？"

"我不能，不能看着你犯错。"

"你坏了我的事，优宁！"少年推开了她，她先是一惊，然后愤怒，到了极点。

"你要钱吗？那么想要钱吗？为了钱可以出卖自己的全部吗？为了钱可以去做任何事吗？"

　　"我得回去了，优宁。"少年转过身，却感到突如其来的压迫，他回过头，优宁正在用尽一生的力气挽留他："你不能回去，我决不会让你回去。"

　　"优宁，你放开我。"

　　"不要回去，我会帮你的，我会把零花钱都给你，我也可以帮你打工赚钱，所以不要再去做那种事了，已经够了，够了……"

　　优宁紧紧抱着他。

　　阳光下，两颗不同的心脏，终于慢慢地成了一个声音。

　　"我不能……"一夏仰起脸，眼角滑过一颗泪，"我不能停下来，我一停，妈妈就会死了。"

　　"诶？"优宁松开手。

　　"妈妈要死了，爸爸丢下了我们，我要钱，我不能停下来。"一夏背对着优宁，握紧拳头。

　　原来，一夏是这样的。他会变成这样是因为他害怕死亡。他也许只有妈妈了，他能依靠的就只有妈妈了。一夏没有错，他只是看不清未来。

　　"对不起，我……"

　　"优宁，我该走了。"

　　一夏噙着泪，没有回头看她，他向外挪出一步，她抓住了他的手。

　　"优宁，我不能停下来，我一停……"他说到这儿，优宁像是遇见了某件可怕的事，一下子放开了他。

　　然后，默默地，优宁目送着一夏的背影，越来越远，她什么都不能做。她感到自己正在放任一个错误的延续，可是若它不延续，另一个生命就会枯萎了。

　　一夏，这是你的选择，无论我做什么都改变不了。

　　九月，任心里的草疯长。

　　优宁再也没有了一夏的消息，偶尔走过那家酒吧，看着门口几个闪烁的字——REBORN，真是讽刺，在酒吧重生。

　　后来，REBORN被查封了，徐老板坐了监狱。至于一夏，也许已经回到他的北国去，再也不来这里了吧。

　　反正，终究，他们都是彼此生命中一粒尘埃，风停了，坠落在一起；而当风起了，就各自奔向天涯。

　　只是偶尔，当优宁再回想起八月那个曾经单薄的少年，心会有些柔软。她望着他们一起走过的小巷子——这里曾经是一夏的南国，如今也留有优宁的难过。

云洗森严

文/温暖

01

放学，校园在一段疯狂的拥挤、嘈杂之后迅速归于寂静。

一小时后的19：30，流云把天空浇注成一片通透的橙红，夏野紧咬牙关一阵夺命狂奔，冲出教学楼穿越校门拐过七七四十九道弯，才气喘吁吁缓下脚步，回头望了望早已不在视线之内的校园。

"不敢相信哥竟然活着逃出了那个魔鬼卫生部长岳云洗的视线……"夏野心有余悸地拍拍胸口，"幸好值日是两个月轮一次，不然早不知道已经死过多少回了。"

夏野所在的四中，民众有三大怕：作弊被巡游的年级主任逮到，迟到被路过的教务组长撞到，值日打扫被敬业的岳卫生部长检查。

对成绩优异又受欢迎的夏野来说，第三怕的可怕程度要远远高于其他两个：别人一丝不苟扫地抹桌四十五分钟便可勉强过关回家的值日任务，他兢兢业业了一个小时，只能换得一句恶狠狠的"全部重新做，本部长大便完毕回来检查！"

——这一定是对他刚进校时，那句随口而出的"长得挺顺眼一女的，为什么非要坚持日日COS母夜叉呢？"的血的报复！早知道她会那么记仇又位高权重，当时死也会沉默到底的！

——世界上究竟有多少后悔事无法挽回呢，唉。

长长的叹息在晚霞里徐徐飘散开来，少年皱一皱英挺的眉，看起来美好如画，没有烦恼。

夏野，16岁，四中高二。成绩优异背景不详，无人知晓的钢琴好手，温和慵懒，传说独居。

这个背负了些许神秘感的校园人气美少年大多数时候都是一个人，此刻，他正独自走在回家的路上，抬头望望天，抿抿细薄的唇。

——跑了这么久真口渴啊……

颀长的身体被夕阳拉出一道近似无限长的斜影，夏野掂了掂校服裤袋里的硬币，走向不远处的自动贩卖机。

投币，按钮，一阵清脆的叮叮当当之后，物体也应声掉落。

夏野望着取物口里饮料瓶罐大小的扭蛋，呼吸一下子停止了。

02

夏野一辈子也忘不了这个扭蛋。

纯净的乳白色，通体澄澈，正中央有一点点飘渺的黑，夏野知道里面那个超能力小鬼在说话的时候，蛋壳上会浮现很Q的五官。

向左旋转一公分，将出现一个洞，把人的名字写在纸上塞进去，那人便必死无疑。

——死亡扭蛋。

夏野俯身拿起它。

还是那么的精致、崭新的样子，八年时光没有在它身上留下一点印记。

八年前。

钥匙孔转动声响起的瞬间，小夏野迅速把漫画书塞进墙角，转瞬之间翻身坐上琴凳，有模有样地弹起《车尔尼849》第48条——妈妈上班前布置的任务。

进屋，换鞋，放包，妈妈似乎没发现任何异常，小夏野刚要舒下一口气，就发现自己露馅了。

琴谱不知什么时候停留在了前言的页面，小夏野正要翻回，妈妈已然站在了自己身后。

一个耳光以迅雷不及掩耳之势扇在小夏野脸上，妈妈怒发冲冠："你骗谁啊！？"

捂住涨红，他连忙解释："琴谱是刚、刚刚弹到一半时风吹的，我正要翻回去你、你就来了……"

话音未落，妈妈一脚踢出墙角里露了个头的漫画书："这是什么？"

"……"

"你还学会撒谎了！"妈妈彻底怒了，抡起扫帚就是一阵暴抽，"我让你不学好！"

雨点般密集的抽打纷至沓来，新伤旧痕在背上赛着叫嚣，夏野八岁的小身躯麻木得感觉不到疼了，取而代之的是刺入骨髓的悲哀与不解。

——不都说妈妈是全世界最疼爱小孩的人吗……她真的是我妈妈吗？

——每天都是这样打，扫帚都不知打断了多少根……怎么会有这么恶毒的人？

"妈妈不会这样对自己的儿子！"

小夏野用尽力气大喊完这句话，狠狠甩上家门。

"你不是我妈妈！我恨死你了！"

童声未脱的怒嚎逡巡在骤然静了下来的房间里，久久不散。

——她不是我妈妈，她不是我妈妈，她是魔鬼！

带着这样的忿忿然，小夏野一个人走在午后闷热的街道上，行人很少，小夏野看到有人用完自动贩卖机离开之后，取物口里还有东西。一连叫了几声"叔叔，你买的东西没拿完！"无人应答，小夏野的视线终于被东西的怪形状吸引了——

似乎不是什么饮料瓶罐。

好像……是个扭蛋？

小夏野忍不住拿出它看个究竟。

"色情狂！不要摸我！我不是同性恋！"

脆生生的稚声自蛋中传来，小夏野吓得立刻松手。

"痛死我啦，你竟敢把本大人丢在地上！我可是上帝出产，上帝扔下来的超能力系列扭蛋中最牛最牛的——死亡'牛'蛋诶！"

"……？"

"我告诉你，上帝最近无聊，于是把我们这帮超能力小精灵放进扭蛋里扔到人间界给有缘人，我是死亡——就是说，只要把人的名字写在纸上放进我身体，他的心脏就会突然停止，一命呜呼。"

"妈妈魔鬼也会吗？"

"显然会。"

"骗人！"

"懒得跟你争，实验才是检验真理的唯一标准，有种你试试！"

"试就试，你这个撒谎的怪鸭蛋！"

……

当天傍晚，小夏野便在小区里听到了这样的八卦。

"今天几奇怪呦——另维呀，就是那个带小孩的单身女人，中午出门找他儿子，过马路时突然就倒下不省人事了，把人家司机吓得呦……"

小夏野来不及作出反应，就已被一众妇女七手八脚推搡到了医院重症病床前。

妇女们走后，房间里的安慰、怜悯声终于渐渐淡去，小夏野怔怔望着妈妈熟睡的脸，心脏开始钝重地无限下坠。

世界从没有这么静过。

"妈妈……"

伸出小手小心翼翼碰一下她的脸，凉的。

"妈妈？"

狠命摇了摇她的身体，没有回音。

"妈妈我好好弹琴，我听话，我再也不惹你生气了，你起来！起来呀！"

"哇——"的一声，小夏野终于忍不住了，扑上身去眼泪横飞地尖叫起来。

扭蛋从口袋里跳出来，伸出翅膀绕着小夏野飞，好不洋洋得意："怎么样？见识到本大人的厉害了吧！"

小夏野仇恨的目光可以杀人了，死死掐住扭蛋，他放声大叫："怪鸭蛋，你还我妈妈！"

"明明是你自己——"

"你还我妈妈！"

"是你自己亲手写亲手——"

"你还我妈妈！"

万家灯火，窗外的夜繁华、明亮如白昼。

小夏野几乎是撞开窗户，狠狠把还没搞清状况的死亡扭蛋扔了下去。

……

03

这个世界上，总是有太多的无法挽回。

交上去的考卷，初吻，已经毕业解散的班级。

造成的伤害，度过的时间。

杀死的人。

后来时常想，哪个小孩没有在少不更事的时候，仇恨过于严厉的父母的瞬间呢？

只因为自己捡了个超能力扭蛋，能够使出常人不能的强大能量，便造成了这般无法挽回的后果。

可是，怪谁呢。

夏野抚了抚手中，从认出自己的瞬间便开始不住瑟缩、颤抖，模样怕怕的扭蛋。

深吸一口气，百感交集。

"怪鸭蛋，那个，对不起啊。"

扭蛋圆圆的眼睛快速眨了两下："搞不懂你们人类……不过既然都过去这么久了，本大人原谅你啦！"

扭蛋没有看到以为会有的，少年因获得原谅露出的笑容。

"我那个时候，竟然亲手杀死了自己的妈妈……"

他垂着头喃喃低语，八年了，少年从来没有机会说出这句每时每刻都呼之欲出的话。

起先每天都蒙受着左邻右舍的怜悯，父母双亡的八岁儿童，让小区里那些同情心泛滥的中年大婶争着抢着安抚、慰问和接回家吃饭。

有谁知道，她们的对待越好，自己就越自责。

长大后出落得英俊俏傥，成绩不错性格也好，时而彬彬有礼时而风趣闹腾，男生欢迎女生喜欢，老师无不称赞，家长无不歆羡。

又有谁知道，他们的夸赞越多，自己就越难过。

稍稍长大一点，便逃难似的迅速搬离那个城区。邻居们怜悯的眼光，曾和妈妈牵手走过的马路，一起买过洗衣粉、扫帚的超市，全都眼不见为净。

可又很快发现，无论搬到哪里，都逃不过空气里浓密得令人窒息的自责，懊恼，绝望。

那是竖在喉咙里的鲠。

那是攀附、生长在心脏上的伤。

"那是我全世界最亲最爱的妈妈啊……"

少年把手指插进自己的发梢，眉宇间的皱又怎能用区区"懊恼"二字描述清楚。

"装忧郁……"

扭蛋扇扇翅膀飞起来，一脸不屑。

"你们怪鸭蛋怎么可能了解人类对妈妈的感情！"

"我是不了解啊，"扭蛋继续不屑，"但如果是我不小心杀害了不该杀害的人，才不会这样自怨自艾，早就去找复活扭蛋复活他了。"

"还有复活蛋？"

扭蛋丢出一个"你单细胞生物啊"的表情。

"死亡蛋都有了，为什么不能有复活蛋？"

"你那时怎么不说！？"

"你给我机会说了吗？！"

……

"喂，你怎么又掐我！"

04

夏野家。

怪鸭蛋说，死亡扭蛋怎么把人弄死，复活扭蛋就怎么把人弄活。

怪鸭蛋说，复活扭蛋是个漂亮乖巧的好妞，和他同一批出产，他当初就是因为爱她不成反被发现，被上帝提前扔进了人间界。他因此相当怀疑，上帝那个老色鬼是不是自己看上了复活蛋……（夏野：跳过，关我什么事……）

夏野简直不敢相信自己正在听一只怪鸭蛋喋喋不休津津有味地讲述另

一只怪鸭蛋，如果真要为这件事加一句感叹，夏野想说的是：灵异啊，我大白天见鬼啊！

可清冷、沉静如死水的心，多年来第一次漾起了涟漪。

像漆黑的房间被打开了灯，心底的绝望骤然被希望覆盖。

年轻的身体在睡衣里隐隐激动得颤抖不止。

"一句话，上哪去找那个曾使你忧伤使你痛的鸭蛋妞？"

"太难啦！扭蛋被随机投掷在世界上任意一台自动贩卖机里，除去60亿人类，阿猫阿狗，花花草草都有可能捡到……关键是，我不怎么想找她，世界这么大，我更期待新的爱情……"

"怪鸭蛋。"额头上三角形青筋凸暴，夏野的声音很镇定。

"你手感这么差，哥真的不想掐你……"

和怪鸭蛋熬夜长谈的后果，是翌日睡过。

叼起面包片拎起牛奶乘着朝阳一阵狂奔，然后迟到，罚站于教室门外。

其实，平时迟起到来都挺享受的。

夹着课本的别班老师路过，会打招呼，带着慈爱的笑靥温柔地说"又迟到了啊"；和一同罚站的男生聊聊DOTA心得或者NBA战况；下自习铃一响，便有不知名的女生捧着热腾腾的可口食物，支吾半天说上一句"夏野同学辛苦了，吃点东西吧"。

"这么滋润让哥如何戒掉'迟到控'啊……"

每当被死党问起"天天迟到都不腻哦"时，夏野的解释总爱用这句话总结。哦，还要配一张又贱又臭屁的笑脸。

可是，今天好像……有点例外。

平地一声雷，走廊上嬉闹的男女们自动让出一条大道，原本高亢的喧哗随之转为低声议论。

岳部长自走廊尽头踏步而来，汹汹气势让所见之人无不胆寒。

径直停在因为站了一整个早自习而略显疲惫的少年面前。

众目睽睽。

"夏野新同学。"

栗色长发扎成一根干净的马尾，直勾勾盯住少年疑惑的眼睛，岳部长的神情很是威严和肃穆。

"作为本部长任职以来第一位未完成任务便悄然潜逃的同学，我们有必要谈一下。"

"呃……"夏野实在翻找不出回答语。

女生利落地指了指天台，转身离开。

夏野忙不迭跟上去。

两人一前一后，走过熙熙攘攘的走廊，拐过楼梯口，一路沉默着朝上。

"岳部长好帅哦……"

有纤细的声音由衷赞叹。岳部长平日严待严罚，分尽粗活累活给男生，善待优待、尽分轻松不用干的活给女生的作风，着实为她在女生圈里赢得了不少威望。

"加油哦，阿新！"

常年被欺压被奴役的男生们也一个个兴奋异常。

天台。

风徐徐吹起两人的刘海，初春的晨光从云层里软软地探出头来。

面对而站。

"本部长有权罚你即日起连扫男厕所一个月，扫完要拖，拖完要冲，冲完继续拖。其中若再有畏罪潜逃等类似事件发生，一次多扫一个月，听清楚了吗？"女生依旧认真而严肃。

"听是听清楚了……"少年挠了挠头，很是困扰的样子。

"那个，其实这些话……在走廊上也能说的吧，为什么要特意把我叫到天台上来呢？"

"……"

岳部长无话可说。

少年脸上的笑容大了一些："想和我多呆一会儿……想和我单独多呆一会儿……还是有什么别的话想说呢？"

"……"

"……嗯？"少年弯腰过来，俊秀的脸又靠近了一些。

"无聊。"

冷冰冰丢下两个冷冰冰的字，岳部长又一次利落地转身离开。两三步后停下来，动也懒得动地添了一句冷冰冰，"按时按量完成你的清洁任务。"

"谨遵岳部长指令！"

说话的同时，少年立刻立正站好行军礼。

再看向岳部长的时候，人早已不在。

少年忍不住一个人站在空荡的天台上哈哈笑开了。

——长久以来，理科班的自己和文科班的岳部长并不相熟，可就是逮到机会便要整整她。

——因着看不惯她日日奴役、呵斥、责罚广大男同胞的样子，代表他们没有恶意地整整她。

05

男厕所的清洁任务异常巨大，几天下来，夏野连课间讨论复活蛋都只能趴在课桌上进行，以求尽可能多地恢复体力。

"我说，关于那个复活蛋，你就一点线索也没有？"

"有本大人早告诉你了！"

夏野简直要抓狂了："那你让哥从何找起！？"

扭蛋赶紧滚进夏野笔袋的死角以防被掐，正在瑟缩的时候，上课铃响了。

少年直起身子，拿起笔翻开书本笔记本的同时，所有注意力已经集中去了讲台上念叨着"今天我们讲……"的老师那里。

扭蛋不甘心地"喂喂"叫起来。

"嘘，下课说，"夏野压低的声音里带着笑意，"这道题我昨天想了好久，看看老师会不会有其他简单点的思路。"

少年早已不是当年稀里糊涂玩物丧志的毛头小子了，炯炯有神地盯着黑板，他那么清楚当前最该做的是什么。

从扭蛋的角度看去，少年格外高大，自然弯起的嘴角和熠熠闪光的眼眸使他看起来特别温柔和坚毅。

"真帅啊……"

扭蛋喃喃感叹，转念迅速疯狂地摇起头（另维：如何区分蛋形物的头和身体，that's a question……），痛苦地说："哦，NO，我不是同性恋！"

夏野每日生活的重要组成部分，就是在岳部长的盯梢下辛勤地扫厕所。

"洗手池里不能有纯白以外的颜色！"

少年从奋力推拿抹布的间隙抬起头来："我在很努力地擦了……"

"地板刷干净，要光洁如新！"

少年一边推着拖把来回奔跑一边声音洪亮："我保证拖到部长想要的效果！"

"角落多擦几遍，禁止留污垢！"

少年蹲在地上用牙刷刷角落也不忘回应命令："部长放心，我一定刷得比你家饭碗都干净……"

大功告成。

少年抬起头直起身，望着门口一直叉着腰，神情严肃地盯着自己的女生。

"岳部长，你要不要进来检查？"

"……"

女生的右边眉毛抖了两抖，纹丝不动。

"呃，不敢的话也可以理解。既然你不方便进来检查，那就直接算我过关了吧，部长走好，部长明天见！"

少年话音未落，女生已经大步踏进男厕所，细细检查起卫生情况。

嘴角在背对女生的角度勾起一道不易察觉的弧，少年不紧不慢，幽幽地走到了小便器前。

"你在干吗！？"

截然不同于女生惊吓不已的尖叫，少年回过头，软软看着她的眼睛和回答的声音都很镇定。

"我想说的是，你如果等不及非要在哥方便的时候进来检查，或者你干脆就是非要在哥方便的时候进来检查，那个，哥表示可以睁一只眼闭一只眼……"

只听"咚"一声巨响，男厕所的大门紧闭，少女抓狂的声音自屋外传来。

"方便完了叫我！"

"……哈哈哈哈哈。"

——真爽啊。

站在空无一人的男厕所，夏野又一次忍不住哈哈大笑起来。

教学楼前喷水池里的水不知疲倦地喷了流，流了喷。

时间一天天过，校园里流言四起。

不知什么时候开始，夏野每天都要经受死党们的道道盘问了。

"阿新，昨晚和女魔头孤男寡女呆到几点才散啊？值日的兄弟说他们结束回家的时候你还在劳动哦。"

"阿新，女魔头这么天天盯着你……是爱情的力量吧！"

"我说你跟女魔头到底在一起没啊！？剧情这么臭长，我们都急死了！"

"……"

连众多忠实的夏野亲卫队员都没有太多意见和不满，整个学校的态度出奇一致：

——完美少年配火暴少女！？

——可以可以可以！

淡定的只有流言中央的两人。

岳云洗不理会一切有关夏野新的问题，谁若胆敢再三问起，卫生部长的淫威等着谁。

夏野则一直不置可否地笑。

06

殊不知，夏野的心思从来没在这里过。

"怪鸭蛋，我决定了，不管有没有线索，我必须开始找了！"

夜晚，夏野重新握住刚在指间转了一圈的笔，从习题里抬起头。

百无聊赖的扭蛋顿时来了精神："你想怎么找？"

"不知道，但不能再坐以待毙了。"

来了精神的扭蛋顿时很迷茫。

——就像老师常说的"学习定律"一样，学了不一定成绩好，但不学一定成绩不好。我要的复活扭蛋找不一定找得到，但不找一定什么也没有。

——不管做什么，一定要去做些什么，不然空捏着希望，除了能换得一点没有意义的虚空的安慰什么也没有。

　　每天，岳部长在检查完夏野的劳动之后，还要检查整栋楼所有教室的关灯、关门情况，所以夏野也不知道她究竟几点才能回家。

　　夏野在校门口等她。

　　夕阳都要落尽了，女生才在一片暗蓝的背景下步伐迅速地走出校门。

　　马尾和双肩包在身后一上一下，少女纤细的身子在夏野一句干巴巴的"女魔头"之后转了过来。

　　"干吗？"

　　夏野深吸一口气，走到女生身边，挠挠脑袋，说："那个，其实那天没完成任务就跑……我是故意的。"

　　"诶？"

　　女生转过脸望住正侧俯脸望着她的夏野，学校附近很静，暗蓝天幕下两人的影子被拉得极长极长，女生的脸上写满了狐疑。

　　"我就是算准了你第二天会来找我啊，我想多跟你说几句话，所以宁愿冒险触犯全校谁也不敢触犯的神一般的岳部长……"夏野也没想到自己只排演了一天就能说得这么顺，于是信心一来，越说越顺，"可是，我没想到和受宠若惊的是，你居然罚我连扫一个月男厕所……给我这样每天都能和你在一起的机会……"

　　夏野继续挠脑袋，说："所以我在想，岳部长你是不是也对我……"

　　夏野"对我……"的尾音拖得蜿蜒而意味深长。

　　岳部长不能忍了。

　　"滚——！"

　　伸手指住被惊得一愣一愣的夏野，岳部长奋力咆哮。

　　恢复了一会儿，夏野继续不依不饶："云洗，我还可以每天这样以罚扫厕所之名呆在你身边吗？"

　　岳部长抓狂了，书包一取拎起带子就朝夏野挥去："不要再让本部长看到你！"

　　岳部长的怒嚎在微暗的静谧的夜里震慑力非常，不远处，一只正在觅食的流浪猫飞快躲进了垃圾桶。

　　岳部长昂着头怒气冲冲地走了。

　　夏野在她身后长长舒了一口气。

　　——解决了。

——这样就能有多一点时间和精力……去做想做的事了。

天完全黑了。

初上的华灯远比八年前繁华绚亮，夏野走完喧闹街衢又走进人迹罕至的静谧小路，一台一台寻找自动贩卖机。

远远瞧见机器便眼睛一亮，加快脚步奔过去，迅速投进几枚硬币，贩卖机开始叮叮咚咚响起的时候，夏野每次都忍不住屏住呼吸，紧紧盯住取物口，心跳加速。

掉出来的永远只有失望。

取出饮料，每次都躬下身子仔仔细细检查取物口，每次都只能发现小孩玩耍时留在里面的树叶，或者无良路人扔进的烟头。

哪里有什么扭蛋。

每天晚上，夏野都带一口容量极大的空布袋子，把打工得来，省吃俭用的生活费换成硬币，投到所能找到的每一台自动贩卖机里。

每天都要带一大袋饮料回家。

有时候看着家里堆积如山，并且仍呈急速增加趋势的饮料，夏野都忍不住觉得自己是个疯子。

——讲给别人听的话，别人也会这么认为的吧。

——自己都不敢相信自己正锲而不舍地做着这么荒唐的事。

可是没有任何的头绪，线索。

夏野不知道除此之外自己还能做什么。

钱不够用了，就再多兼一份职，以及把饮料折价卖给路边的小商店。

夏野夜复一夜不停地走，不停地寻找自动贩卖机，不停地投币，失望，然后继续寻找，永无止歇。

可是。

——可是这个世界上，究竟有多少座城市，郊外，乡村？

——在这些城市，郊外，乡村里，又究竟有多少台自动贩卖机？

——要花几辈子才能把它们一台一台找出来？

——找出来能发现复活扭蛋的几率又有多少？

只要类似的问题钻进脑海，夏野就加快脚步，竞走甚至奔跑，用力想要甩它们出去。

夜和路都那么长。

那么黑。

泛
90

第十三届新概念获奖者翘楚新作精华

B
卷

　　夏野走走跑跑，走到脚背脚跟磨出泡磨破泡，泡成了伤伤结了茧，走到上帝出产的扭蛋都累得实在飞不动。

　　"……你不要再找了。"

　　夏野无视扭蛋。

　　"新哥，新爷，求求你不要再找了！"

　　夏野加快脚步，把扭蛋甩到身后。

　　再也看不下去了的扭蛋一咬牙，忍着翅膀酸痛，加速飞到夏野前面。

　　"你想一想嘛，我第一次进自动贩卖机是在八年前，就算我是被提前扔下来的，和我同一批次的复活扭蛋也绝不会在我之后太久，任何一样东西都不可能在自动贩卖机里放八年都不被发现的吧。"

　　扭蛋扑扇着翅膀奋力解释，力争唤醒夏野的正常思维："我是因为被掐伤了翅膀又高空抛落，生命有危险才被上帝召回了一天，也就是人类界的八年，上帝不会随便召回扭蛋的——总之，复活蛋一定早就被人捡到然后好好保护起来了，又不是到处都能碰见你这么不讲理又没有眼光的主人……"

　　让扭蛋有点失望的是，听到了赤裸裸的羞辱，夏野并没有像往常一样扑上来掐自己。

　　此刻的他似乎已经找不到悲伤以外的表情。

　　静止下来，夏野才发现自己的腿和脚都已经很软了。

　　软得才恍了一个神，人就不小心扑通一声跪在了地上。

　　初春里活跃的小虫子早就不鸣了，天色晚得整个世界都睡着了，远处的路灯微弱的光芒下，夏野俯身把手放在地上，伸直胳膊撑住自己同样瘫软、酸痛的腰。

　　世界好静，夜好凉。

　　夏野的喉咙里涌出一阵刺骨的疼。

　　星芒一样美好的眼睛不住胀痛，精致锋利的鼻不住酸疼。

　　"妈妈……"

　　他在心里轻轻地喊。

　　……是想哭吗？

　　支撑半身重量的手指蜷起，夏野捏紧拳头。

　　血管的纹路在路灯下渐渐清晰明显，狠狠地，夏野又紧了紧拳头。

　　……不能哭！

——不能……让翻涌的绝望遮蔽掉希望。

——不能关闭胸腔里好不容易亮起的灯。

07

天亮后又是学校里举着显微镜都找不出缺点的五好少年。

看不出任何的忧伤难过烦恼心事，甚至一点点疲劳的迹象。

继续带着又贱又懒的笑意享受着老师的宠爱家长的欣羡以及同学的围绕，看似轻松实则刻苦的学习。

继续蒙受"被配对"的后果，被各种同学以各种话题和岳部长扯在一起。

四月裂帛，春游也轰轰烈烈地近了。

一个班坐一辆校车前往城郊的薤山，夏野实在想知道究竟是哪位神一般只手遮天的牛人，硬是能点着名把夏野塞进岳部长班的校车。

坐在岳部长旁边，夏野有点郁闷。

岳部长显然尚未原谅自己上次的冒犯，自从夏野坐来了旁边，她便板起脸望向窗外，神色严肃一言不发。

周边的人又全都兴致勃勃、饶有趣味地鼓励夏野跟她说话。

就这样，两人隔着稍不留神便会肌肤相触的距离，都分外别扭的小心避免碰到彼此，谁也不理谁，完全视对方为无物地不断与其他人谈笑。

气氛很是别扭。

扭蛋都忍不住从夏野的牛仔裤袋里探出脑袋，打算幸灾乐祸一下他的不和谐。

"小偷！"

距离岳部长最近的夏野受到这声尖叫的波及最严重，他揉揉被震得嗡嗡直响的耳朵，正要放下手，岳部长忽然以迅雷不及掩耳之势抽走了他口袋里的扭蛋。

"！？"

毫不理会夏野的惊异，岳部长小心翼翼摩挲着手里的扭蛋，细细端详，喃喃自语："这里面怎么是黑的……"

晴天霹雳，夏野所有的别扭全都抛到九霄云外了，一把死死抓住岳部

泛
90
第十三届新概念获奖者翘楚新作精华

B
卷

长的肘，他激动得几乎停止心跳。

"你知道扭蛋？"

夏野的手忍不住越来越紧，他紧紧追问："你见过其他扭蛋吗？复活扭蛋呢！？"

"……"

突兀的沉默。

女生的眼里晃过一丝难以捕捉的惊异，怔怔望了夏野一会儿，好半天她才出声。

"没有。"

车到站了，同学们三三两两、成群结队地走过葱绿色的草皮，欢声笑语在春日和煦的阳光下格外沁人心脾。

云水依依，山路漫漫。

平日里的爱笑先生——夏野新此刻一点也笑不出来，他的眼里只有岳部长细瘦的背影。亦步亦趋，他紧紧跟着她。

满脑子都是方才那眼惊异。

夏野实在忍不住了，冲上前去一把抓住岳部长纤细的腕，在一片欢呼、叫好声中强行将她拉入没有人的树后。

阳光自枝叶间的罅隙倾泻而下，夏野失礼地紧紧抓住女生的瘦弱的肩膀。

"如果你见过其他扭蛋，请你一定要告诉我！我真的很需要它！"

"……"女生的表情有一点出神。

夏野紧了紧抓她的手，眼神炽烈地望着她。

"我求求你！那个复活扭蛋……我太需要它了……"

女生不住皱了下眉，一把打开夏野的手，掷地有声："我没有。"

夏野伸手抓她，被女生灵巧地躲开，大声向他："没有就是没有！"

"我不知道什么扭蛋！"喊着这样的句子，女生飞快地跑远了。

春游就这样在夏野的抵死纠缠追问，岳云洗的数度逃跑和置之不理，以及全校同学"哇哦，夏野同学和岳部长大进展诶！"的议论和感叹中欢也不欢地散了。

夏野从此有了新目标。

每天都在各种地方以各种方式围追堵截岳部长，追问扭蛋的下落。

于是，全四中随便谁每天都能在校园里看到这对永远一前一后一边竞走一边对话的男女。

"你能不能再想一想，就再想一想在哪里见过……"

"不用想了，没见过。"

岳部长的回答干脆利落。

"可是之前在校车上你明明对中间是黑色的扭蛋产生过疑虑……"夏野不依不饶，"这就说明你见过其他颜色的扭蛋不是吗！"

"我不知道你在说什么。"

岳部长每次都在这句话之后加快脚步匆匆跑开。

学校里最近有了这样的传闻：夏野的攻势太过猛烈，连天不怕地不怕神一般的岳云洗卫生部长都被吓得频频逃跑，四处闪躲了。

有关该事件大家很快得出了结论：得找个人教教夏野同学如何追女生才好呀！

……

连扭蛋都有点看不下去了。

——怎么会有人这么一根筋，死脑筋，认准要做一件事就一百头牛都拉不回来啊。

"新哥，新爷，你够了没！？身为一颗扭蛋的我都看不下去啦！"

教学楼天台上的栅栏围得很高，扭蛋在身边扑扇着翅膀，夏野的眼睛望着栅栏之后没有尽头的远方，沉默了好一会儿，他终于张口，答非所问。

"直觉告诉我，岳云洗一定知道什么。"

——不是没有发觉最近的自己变得很讨人厌，不是不讨厌这样的自己。

——可，可那是找回她唯一的希望啊！

又是一阵长久的沉默，夏野张了张口，终究没能出声。

"妈妈。"

所有的彷徨无助都不需要人懂。

他在无声地叫着她。

08

皎月当头，夜黑风高。

"你确定我们真的要这么做吗？"

扭蛋瑟缩在夏野的左肩上，不可置信地瞪大眼睛："我们这样……是行窃吧？梁上君子？"

"来人类界没几天，词汇量还挺丰富。"

一袭黑衣，少年颀长的身体在月光下愈显圣洁耀眼，笔挺地直立着，他伸手又一次压低了棒球帽檐。

岳云洗是家小型医院院长的女儿，医院在很多年前就已经远近闻名。

因为医院就开在住所，岳云洗家的布局很特别：一排瓦片屋顶的平房被用来做病房、诊断室、客厅、厨房、卧室和书房，靠前一点，种植着花花草草的小型院落由镂空的欧式围栏与外界隔绝。

夏野和死亡扭蛋正站在岳家门前。

"新哥，新爷，我们回去吧，这样不好……"

"闭嘴，哥比你清楚。"少年挥了挥手，"哥只是来求证复活扭蛋的存在，不行窃。"

"不行窃也不好啊……"扭蛋耷拉着脑袋郁闷地说，话音未落连忙摇摇头，"本大人的意思是，行不行窃都不好！"

扭蛋没有再得到回话。

少年抓紧围栏的铁杠，右腿一蹬纵身一跃，灵巧地跳进了岳家草木丛生的院落。

草坪上花盆里有春夜特有的虫鸣，少年刚要舒一口气，就败落了。

接下来发生的事情似乎都只在一瞬。

警报器放声尖叫，岳家夫妇冲出屋外，四周住户的灯纷纷亮起来，居民们打着手电出来看热闹，警车驾到，身着睡裙的岳云洗在不远处惊愕地看着眼前的一切。

纷纷议论围绕着夏野飞速展开，少年从来不知站在众人的视线中央是这么难受、难堪的事情。

心跳得空前空旷，无法感知。

完全愣住了，不知所措。

帽檐里，少年的表情已经难看到了极致。

事情并没有因此停止发展。

岳家夫妇一边指着少年一边大声示意："警察先生，小偷在那儿，在那儿！"

明晃晃的手铐亮出来，帽檐下，少年仿佛看到一把即将断送自己一生的刀在缓缓逼近。

千钧一发。

一道纤细的影子飞速扑了过来，瘦弱的胳膊紧紧勾上少年的颈，岳云洗尖叫起来的声音一如既往地大。

"不要抓走他！"

女生微温的身体颤抖地帖服着自己。

"他是我男朋友！是我让他来找我的！你们不要抓走他！"

寂静。

父母，看客，警察连同被拥抱着的夏野顿时愕然。

半晌，岳家夫妇匆匆驱散了看客，送走了警车，头也不回地进了屋。

从少年的角度看过去，屋内映透出的灯光把夫妇二人瞬间苍老的脸上的表情照得格外清晰。

那上面写着赤裸裸的羞耻感。

少年的心一阵绞痛。

月光和虫鸣都与最初的时候无异，转眼间，院子里就只剩下了以奇怪姿势拥抱着的两人。

少年张开口正要说点什么，女生已经放开自己，不留痕迹地向房门去了。

松手、转身、离开、开门、进屋，整个过程都没有看少年一眼，女生只在临关门的最后轻轻地说了一句：

"快走吧，夏野新。"

"新"字的咬音干涩得有一些苦，她的声音原本发着怒都是又雀跃又清脆的。

夏野静静地站在那里。

屋子里渐渐传来母亲的哭泣声，父亲的劝慰声，以及夫妇两人共同的责骂，愤恨，甚至棍棒打落的声音。

声音那么繁多，唯独没有来自岳云洗的。

夏野静静地站在那里。

09

——岳云洗约神秘男子深夜偷偷潜进家里过夜，被父母发现，还招来了警察。

消息在学校里以光速不胫而走。

起先只是传闻，学校宣布正式撤除岳云洗卫生部长一职，将其逐出学生会之后，所有添油加醋版的传闻都间接得到了证实。

卫生部长的光辉形象瞬间被颠覆殆尽。

"想不到岳部长是这种人诶……"

课间，教室里、走廊上、厕所里的女生三三两两，用极尽夸张的表情和语气四处传播着传闻。

"女魔头为人狠毒就算了，还这么不检点，真看不出来！"

球场上的男生一边拼命奔跑抢球，一边不忘对该事件加以评论。

篮球传来传去，接球的男生看起来义愤填膺又嫌恶。

"装得真像……亏老子以前还对她有点想法，呸！"

……

夏野放学出校门的时候被同班男生的手臂勾上肩膀，很理解他的样子。

"阿新，最近心情很不好吧。"

另一边也立即有人靠上来，带着同情的眼光安慰他。

"安啦，为那种女人不值得啦！"

"就是，之前不知哪些人渣一直把那种女人跟阿新说成一对，真侮辱我们阿新！"

男生们善意的笑容像刀，丑恶的言语似刃，比着赛挥砍夏野的心。

夏野常年挂在脸上的笑容快挂不住了，钻出男生们的勾搂，他停下脚步反身站在他们面前，神情严肃地望着他们，一字一顿。

"岳部长不是你们以为的样子，传闻中的那个神秘男子，他其实是——"

"夏野同学！"

雀跃又清脆的女声远远传来，打断了夏野的话。

岳云洗上前，扯上夏野的手臂便奔跑开来。

"夏野同学借我一用！"

"女魔头你不要再欺骗阿新的感情了！你配不上他！"

男生们的叫喊渐渐远了。

是红霞漫天的傍晚，夏野和岳云洗并肩走在另一条回家的路上。

夏野觉得自己好久没有和岳云洗呆在一起过了，但他来不及感伤，他有话急着告诉她。

"对不起，真的对不起，我正要告诉他们——"

女生又一次突兀地打断她，轻轻说："差一点哦。"

"嗯？"

"差一点，我所有的努力，牺牲就白费了。"女生在一片火红的背景里自顾自笑开了，看也不看身边的夏野，她继续说，"夏野同学虽然贱贱的，但人却是不可否认的优秀，成绩那么好，不像我这种拼命努力依旧永远不见起色的笨蛋……如果是你被发现做了不该做的事，如果就那样被警察带走的人是你的话……就太可惜了。"

"幸好啊。"微微抬头望了望天，女生发出一声轻微的感叹。

伶牙俐齿的夏野第一次不知说什么好。

回家的路像身后的影子一样长。

"呐。"

夏野应声转头后，女生从口袋里掏出一样东西，摊开手掌，将其展现在夏野面前。

蛋形，饮料瓶管大小。

纯净的乳白色，通体澄澈，正中央是像天上的云一样透明的飘渺的白。

"这是……？"

"天使，"女生面目沉静，一字一顿，"也就是你口中的复活扭蛋。"

10

岳云洗投币三块五买旺仔牛奶却掉出一颗扭蛋那年，才刚满八岁。

季节是比现在凉爽不少的春天。

有一个行医不太有名气却一心盘算开诊所的父亲，全家多年来都因此被折腾得一贫如洗。

小云洗最初并没有注意到那个扭蛋。

几乎是她拿起扭蛋的同时，身后街道上便传来一声惨叫。是车祸，小云洗匆匆把扭蛋揣进口袋，便高喊着"请让一下，我是医生的女儿"挤进了人群正中。

趁着身边人叫急救车的档儿，小云洗强压住内心的紧张与恐惧，紧拧着眉表情镇定地施行平日里爸爸反复教授的急救措施。

躺在地上的阿姨手中的塑料袋已破，刚刚买回的小土豆散落一地，她痛苦的呻吟越来越微弱。

小云洗很怕。

就在这个时候，扭蛋张开翅膀从她口袋里飞出来，微微地弯起很Q的嘴角和眼睛，柔柔地说："别怕，你问一下她的名字，然后向左旋转我，把它写在纸上塞进我的身体里。"

小云洗瞪大眼睛疑惑地望着扭蛋。

扭蛋又问她："你相信天使吗？"

迟疑了一下，小云洗点点头，照做了。

她惊愕地看到阿姨身上血淋淋的伤口都在缓缓愈合。

奇迹发生在十五分钟后。

车祸受害者在医院急救病床上睁开眼睛，精神良好地望向床边围了一圈的，目瞪口呆的医师。

"不可置信！除了疤痕，你根本没有任何实质性的损伤！"

病人回忆再三，还是只能模糊记起自己被送来医院之前，仅仅被一个八岁模样的小女孩急救过而已。

"奇迹……"

扭蛋告诉小云洗，它是上帝随机恩赐给人类的超能力扭蛋之一，司治愈。

小云洗一回家便把这件事报告给了爸爸妈妈。

父母起先不相信，在亲眼见到扭蛋转眼间就使一个前来求助的，不远处工地上被砸伤了头的民工彻底痊愈了之后，他们立刻召开家庭会议，决定把扭蛋悉心供奉在家里，保佑他们行医顺利，在必要的时候施以援手。

重要的是，为避免意外，全家人死也要守住关于复活扭蛋的秘密。

就这样过了八年。

八年来，爸爸的医术加上复活扭蛋在背后悄悄帮助，诊所的神奇疗效一传十十传百，顺利发展壮大成了小型医院，岳云洗的家境也迅速殷实起来。

背负着这个巨大的秘密，一家人围着复活扭蛋，合家欢乐其乐融融。

……

连上帝都不明白。

为什么同样是通过自动贩卖机随机投掷超能力扭蛋。

为什么同样是被八岁的少年捡到。

结果却可以差那么多。

人，以及人生，真是一种奇妙的东西。

11

放学回家的时间，正好是流云被霞光渲染得最为壮观的时间，夏野和岳云洗并肩走在以橙红天幕为巨大背景的羊肠道上，世界静得仿佛再没有其他人。

"这是复活扭蛋。"

八年来全家最大的秘密，被女生赤裸裸地摊在手掌上，展现在夏野面前。

怪鸭蛋闻声从夏野裤袋里"噌"地飞出来，高声惊呼："复活妹妹！"

它简直要泪流满面。

"早已期待着新爱情的你就不要出来给哥捣乱了……"夏野边说边把它毫不留情地塞了回去，拉上拉链，迫使其沦为本章节最佳路人甲。

岳云洗把复活扭蛋塞在了夏野手上。

"虽然不知道是谁，"女生的声音有一种纯净的清脆，"但能让你这么追求完美的人不惜去做小偷，一定很重要吧。"

少年的嘴角忍不住勾起一抹柔软的弧："没有比她更重要的人了。"

"哦。"

"哦"过之后便是长久的沉默，他微侧过脸透过余光看到女生的表情忽而变得有点恍惚。

——不想看到她那副表情。

——因为……心里会莫名其妙变得又烦又乱。

"女魔头。"

夏野试图尝试着说点什么。

"你也一起来吧。"

"我妈妈就要回到我身边了，因为我的错，她离开了我八年……不过现在她就要回来了！"

少年仰起脸望住渐渐灰暗下来的天，嘴角的笑意忍不住勾出很大。

又转过脸看向身边正惊愕望着自己的女生，轻轻开口。

"我想和你一起看着她回来。"

看着她点头然后冲自己笑开来，少年的心底涌出了前所未有的，柔软的温暖。

沉默。

"那个，还有就是，你偶尔温柔起来的样子……"少年摸摸鼻梁，继续道，"怪吓人的。"

寂静里传来拳头击上脸部的闷响。

受到惊吓的流浪狗扔下骨头汪汪汪汪逃远了。

他们停在一座开放式公园里。

——妈妈，这一刻终于来了。

夏野怎么也按捺不住怦怦直跳的心。

拿出纸笔，小心翼翼写上妈妈的名字，然后旋转复活扭蛋，将其塞进小孔里。

一片沉静。

夏野忍不住探头过去，神采奕奕的，问："小扭蛋，我该去哪里接我妈妈？"

扭蛋纹丝不动，看起来和一颗普通的咸鸭蛋无异。

"天使？"岳云洗叫它。

复活扭蛋依旧迟迟不肯开口。

岳云洗伸出手指戳了一戳它："你说话呀。"

扭蛋这才慢慢悠悠，极不情愿地浮出五官。

"你刚刚说……你妈妈已经过世了八年？"

"嗯，八年零两百一十二天。"少年答。

"哦。是这样的，不管是什么扭蛋，对人施以影响都是要以人的身体为依托的。就比如我可以轻松地痊愈正在流血的伤口不管伤多么深，但如果是某部位不见了，我就完全束手无策。"扭蛋把目光定格在夏野身上，担忧地望着他，"所以我担心，既然她已经过世了八年，那么遗体受到损伤的程度，是不是会相对严重不少？"

扭蛋的话没有得到回答。

过了好久，空旷的公园里才轻轻响起夏野的声音。

"她八年前……就只剩骨灰了。"

世界自此陷入一片难堪的沉默。

12

黑夜总是那么长。

公园的长椅上，夏野坐在那里一言不发，很是看不下去的复活扭蛋在和岳云洗商量了一番后，重新开了口。

"死亡被扔下去之后，上帝又造了'梦境扭蛋'"。

"是这样的，每个人类，不管死后前往的是天堂还是地狱，都有权请求引渡者让自己像看电影一样看一遍自己的一生，很多生前的疑惑和谎言都会由此解开。然后，他们可以要求把想说的话装在一个'梦境'里留给在世的人……从前可以托梦，但上帝发现托梦多少都对人界的正常秩序有点影响，于是下令，梦境的接收者一律等到死后被引渡出人界，才能看到前人留给他们的'梦境'。"

"不过，也有例外，如果你找到梦境扭蛋，并把你妈妈的名字塞给它。"

"但不得不说明的是，我们不知道你妈妈有没有留下梦境，是不是留给的你，所以，很有可能我们千辛万苦找到梦境扭蛋，却得到一场空……"

黑夜里一台一台机器地找复活扭蛋时的曾经的心中滑稽的希望和现在刺骨的绝望交替在身体里，夏野抬起脸，望住正小心翼翼望着自己的复活扭蛋："梦境扭蛋也是被随机扔进自动贩卖机，然后找起来毫无线索毫无头绪的吗？"

"唔，也不是完全没有……"

泛
90
第十二届新概念获奖者翘楚新作精华
B
卷

复活扭蛋支支吾吾的："我记得以前在天堂的时候，梦境一直说很讨厌人类，说人类虚伪、奸诈、狡猾、自私自利，说将来就算被人类捡到，也要想办法逃出去和猴子生活在一起……"

"还有还有，"复活扭蛋回忆得很仔细，"梦境很喜欢看《西游记》！"

夏野听完忽然很想笑。

"不用了。"

几声闷笑荡漾在空气里，转眼他又完全笑开了。

"你那么吞吞吐吐，因为自己也觉得很好笑吧。"

——开什么玩笑，跋山涉水去寻找猴子居住区？为了一只比怪鸭蛋还要奇怪的怪鸭蛋？

——找它的目的，是因为一通根本不知道存不存在的留言？

——世界上还有更荒唐的事吗！？

——最重要的是……已经不想再经受这般巨大希望、艰辛努力之后的绝望了。

——已经经受不起了。

相较于此时带着嘲讽表情缄默着的夏野，岳云洗完全是另一番模样。

充满希望，朝气蓬勃地雀跃，乐观积极地思考。

"喜欢《西游记》和猴子的话……天使你说，梦境扭蛋现在会不会生活在花果山！？"

"很有可能哦。"

得到复活扭蛋的肯定后，岳云洗立刻转向夏野，笑盈盈地叫他。

"呐，我们去连云港，去花果山找梦境扭蛋吧！"

"这太扯了……"夏野摇头。

"我知道你怕，"岳云洗上前，把手放在夏野的肩上，"可是，那也许是你妈妈想对你说的话啊，不值得你毫不犹豫地重新振作起来，为之努力争取吗？"

"……"

有莫名的力量通过岳云洗的手注入心脏。

岳云洗拍拍他。

"正好'五一'要到了，就那时候启程吧！我，你的怪鸭蛋，我的天使，我们都会帮你的。"

"……"

"不公平！为什么明明长得一模一样，人家叫天使，我却叫怪鸭蛋？"怨念的叫喊从下方传来，被遗忘在夏野裤袋里的死亡扭蛋的声音很郁闷。

大家都被逗笑了。

几人之间温暖丛生。

13

盛春的连云港，游人永远熙熙攘攘络绎不绝。

花果山里松涛盈耳，鸟语花香。

夏野新和岳云洗脚着登山鞋，头顶棒球帽，一边爬猴山一边细细观察视线里的每一只猴子。怪鸭蛋和天使则低调地飞在天上，俯瞰寻找每一处扭蛋可能藏身的地方。

这一行出奇地顺利。

没过多久，天使便飞身下来惊叫："我看到梦境蛋了！就在这棵树上的鸟巢里！"

梦境扭蛋闻声从鸟巢里探出头来看究竟。

岳云洗忙托两颗扭蛋前去讲明他们的来意，请求帮助。

"要我帮助讨厌的人类！门都没有！"

却被这样断然拒绝。

几乎是与此同时。

一个游客模样的小男孩兴奋地指住梦境扭蛋，惊声尖叫："爸爸你看！好漂亮的石头！我要那个漂亮石头！"

身边的年轻男人宠溺地拍拍小男孩的头，很快找来一根棍子，一边爬树一边奋力捅起树梢上的鸟巢。

鸟巢哪里经得起捅，三两下子，里面的鸟蛋和梦境扭蛋已经摇摇欲坠了。

"我最讨厌人类了！"

梦境扭蛋的话音未落，鸟巢已然分崩离析，扭蛋能张开翅膀自救，鸟蛋却只好任凭地心引力的吸引飞速掉落，坠向死亡。

泛
90
第十三届新概念获奖者翘楚新作精华

B
卷

岳云洗飞身扑上前去和滚落下山坡，整个过程看起来无限长，但似乎又只有一瞬。

夏野惊慌失措地奔到她身边，见她无大碍，马上换上一副恼怒的神情："女魔头你干什么？！"

女生摊开两只手掌，露出里面完好无损的鸟蛋，笑容和声音都轻轻的。

"我伤了死了都有复活扭蛋可以救，但它们死了可没有人能写名字复活它们。"脸上的笑越来越柔软，她看起来开心极了，"它们差一点就来不及来到这个美丽的世界了呢……幸好。"

夏野在那一瞬间愣住了，他好像似乎大概开始明白为什么同样是八岁得到扭蛋，随两人而来的蝴蝶效应却可以差这么多。

——这个女孩远比自己懂得爱。

"人类。"

梦境扭蛋不知从哪里飞到了两人身边，滞留在半空中，它的脸和声音都依旧臭臭的："你要找谁的梦境，去把名字写给本大人。"

"……"两蛋两人都惊得说不出话。

"没人留梦境给你可不关我的事。"这颗the怪est鸭蛋始终不肯给一点好脸色。

14

盛春，晌午。

山间隐蔽的小树林里，两个人两颗蛋八眼齐齐紧紧盯住梦境扭蛋。

梦境扭蛋闭上眼睛，腹中飘渺的天空蓝流转开来。

"姓名，夏野新，您共有一个梦境，是否读取？"

"是。"

天空蓝色的结界陡然张开，将夏野隔绝进了另一个次元。

在那里面，夏野见到了妈妈。

妈妈同自己久远记忆里的一样年轻。

结界里只有无边无际的蔚蓝色，妈妈站在自己够也够不到，追也追不到的不远处说话。

夏野气喘吁吁地停止追逐，静静地听。

小新，当妈妈得知自己的死因后，说不难过是假的。

但没关系，妈妈知道小新其实是爱妈妈的，对不对？

长久以来，每当我逼你、责罚你时看到你仇恨的眼神，都一边心痛一边安慰自己：我所做的一切，全都是为你将来能成为更好的人，总有一天你会懂。

我在想，等到那个时候，你一定会因为现在这么恨我、顶撞我而内疚而悔恨，而终日自责不已。

小新啊，我也一直在想，等到那个时候，我要用我已经老去的、佝偻的身子抱一抱你高高壮壮的躯体，吻一吻你轮廓饱满、成熟的额，然后告诉你，妈妈不怨你，从没怨过你。

妈妈依旧不怨你。

事到如今，妈妈满心满腹都是满满的担心。

担心你往后的生活来源，你只有八岁。

担心你不会做饭所以总在外面吃，吃坏肚子又没有人照顾。

担心以后谁去替你开家长会；谁在你的作业本上签字，以证明你是默写而不是抄写；谁在雨天为你送伞，送鞋。

担心你一个人住会寂寞。

担心你夜里醒了，因为怕黑而不敢起床上厕所。

担心你十三四岁叛逆期时，没有人盯紧你管教你，不让你逃课打架，自此走上歧途。

担心你中考考不好，然后自暴自弃。

担心你十六岁喜欢上女孩子，没有人听你倾诉没有人开导你，你因此不知所措，心情苦闷。

担心你十八岁高考在即的时候，没有人打理你的饮食起居，深夜在屋外守着你，瞅准时机为伏案苦读的你端上一杯牛奶，或者咖啡。

小新，妈妈最担心的，是你将来因为杀害妈妈而后悔内疚，从而憎恨自己。

你才八岁，你的人生还那么广阔那么长，如果你已经开始恨自己，那往后的日子该是有难熬多可怕，不敢想象。

所以小新，妈妈拜托你，不要让这样的局面发生。

要知道，妈妈对你的爱，可没有因为这件事减少一分一毫，所以，你也不要有一分一毫的自我怨恨。

退一万步讲，妈妈的离去一定会使你迅速地独立和成长，这些能使你变得更好更成熟的事物，即使有人来让妈妈用生命交换，妈妈也一定是毫不犹豫在所不惜，并能从中获得欣慰、开心和幸福的。

小新，关于妈妈的死，你要知道的记得的，是妈妈用自己的生命，换取了你的成熟、成长，不是其他。

所以，丢掉所有的懊悔、怨念，抬头朝前看，向前走。

吸取教训，用心珍惜你往后每一件该珍惜的事，能珍惜的人。

爱自己和这个世界，不要恨。

做一个好人。

永远记得，你是妈妈生命的延续，你的好就是妈妈的好。

妈妈生为你，死为你，妈妈只有你。

所以，你可不要因为长久不见，就忘记妈妈的样子哦！

……

妈妈的回声和笑容一起渐渐转淡，地动天摇，结界开始崩塌。

是梦境结束了。

夏野挣扎着醒来，惊声尖叫了几句妈妈，被一旁神色紧张的岳云洗迅速拉扯住，制止住。

许久，瞳孔终于缓缓有了焦距，他颤抖地望着她。

一滴，两滴。

泪滴滴在女生纤细白净的手腕上，打碎之后晃晃悠悠地滑落。

……八年了。

他终于失声痛哭。

八年来，他从一个身材瘦小，看起来QQ的小小男孩长成了身形颀长，轮廓锋利，每周都不得不刮胡茬的青年。

他把懒洋洋、软绵绵的笑容像面具一样长久地挂在脸上，走在学校里，任谁都认为他心灵澄澈，无忧无虑。

他的心其实整整八年都清清冷冷，像一块永不融化的冰。

他每天都极尽所能地惩罚自己，但内心沉重得令他窒息的负罪感从未因此得到一丝救赎。

八年了。

多少个夜里他从梦中惊醒，坐起身子，在黑夜里捂住脸痛苦地哭。

多少次在没有旁人的角落里，他拿刀一刀一刀划开自己写过妈妈名字并将其塞进扭蛋的右手，想让自己疼一点，再疼一点。

……

就这样过了八年。

岳云洗把夏野抱进怀里，任他没有止歇的眼泪流进颈脖，一路蜿蜒而下。

日光从正上方缓缓斜下，岳云洗半边衣服都湿透了，她依旧一动不动静静抱着他。

三颗一模一样的扭蛋瞪圆眼睛，不说话。

头顶的鸟鸣活泼欢快，清脆动听。

世界这样美。

15

"五一"结束之后，清寂了几天的校园骤然热闹了起来。

世界全变了。

其实，同学是从前的同学，功课是从前的功课，校园是从前的校园，生活亦是从前的生活，五月里春风拂面，走在校园里的夏野的耳边又一次浮现了妈妈的声音。

柔软的、温和的、撑天破宇的、无孔不入的，足以彻底融化冻结在心上多年的冰棱，足以驱散殆尽盘踞在胸口多年的黑云，然后放晴整个世界的，声音。

夏野奇怪自己从前怎么不曾发现生活这么美好。

夏野决定开始带着妈妈留下的祝福与爱，幸福地活，而非因过错、悔恨沉积而成的自怨自艾。

人来人往，夏野忍不住驻足笑了一下，头顶的天那么蓝，云那么白。

夏野站在学工处的教务主任面前，掷地有声、严肃认真、神色柔软地娓娓报告着一件事。

"岳同学那天……其实是我在学校自习后，回家路过她家的时候，手里的卷子不小心飘到院子里去了，我刚爬进去捡就触动了报警器，引来了警察。岳同学发现后说了奇怪的话，是为了保护我不被带去警局。"夏野顿了一顿，继续道，"我后来去谢谢她，得知她这么做的原因是我们第二

泛90

第十三届新概念获奖者翘楚新作精华

B卷

天要月考，她不想我因此受到影响……老师，你们真的冤枉岳同学了。"

教务主任的镜片寒光一闪，半晌，她微笑着点了点头。

"帮助人要注意方式，但不管怎样，我们鼓励助人为乐的善举。"

几周后，岳同学又成了岳部长。

舍己为人的善举的故事渐渐覆盖了之前不堪入耳的流言，大家重新崇拜起神一般的岳卫生部长，所不同的是，最近一段时间，无分男女，每个人对她说每一句话都带着"抱歉啊""不好意思啊"的柔和表情。

语气过于温柔友好，搞得女魔头岳部长检查卫生都不好意思再凶人家。

"岳部长，我这就去把电扇扇叶，最上面的玻璃擦得干干净净，岳部长您尽管放心，那个……上次那样说你，对不起啊，是我没搞清楚状况。"

"没关系……呃，好的，那你小心一点哦。"

碰巧路过的夏野忽然一阵不爽。

径直上前去，众目睽睽之下，他利落地指了指天台，转身离开。

女生疑惑地跟了上去。

春末的微风有一种温和的暖意，天台上，两人的刘海整齐有序地朝东飘着。

"女魔头。"

少年看起来有一点不自在，但还是模样潇洒地咳了一声，撇撇嘴，开口道："那个，你温柔起来怪吓人的，以后还是不要去吓别人了吧。"

"你怎么不去死？！"

人称火爆少女的岳部长可不是盖的，白眼一翻扭头就走。

转身的瞬间被少年死死捉住了手腕。

重新站到女生的面前，少年目光灼灼地盯住她的脸，表情无比认真。

"不要把你的温柔给除我以外的任何人，好不好？"

"诶——？"

女生惊得说不出话。

"好不好？"

少年忍不住又追问了一遍。

"……"

是春末红霞漫天的傍晚。

女生先后愤怒、惊异的表情渐渐化作从未有过的柔软。

—THE　END—

第四辑　奶茶岁月

碎梦

青奈

夏了夏天

梦想照进现实

等下一个天亮

碎 梦

文/辜妤洁

苏醒终于决定离开了。

一个人，去远方。

我很想问问他，一个人奔走在陌生的世界，真的不会恐慌么？

可是我也知道，他永远不会回答我，只会看着我安静地笑。他的牙齿白白的，左耳朵上戴着一只被切割成菱形的耳钉，会在阳光下发出一朵小小的、璀璨的光芒。

他的笑容永远让我觉得安心，可是，我也知道，他骨子里有多么倔强。

所以当他得意洋洋地告诉我他的计划时，我知道，我就要失去他了。

或许，永远地失去他了。

在午后无人的天台，天空显得又高又远，我伸出手踮起脚尖，也触摸不到。我吸了吸鼻子，走上前去，轻轻地抱了抱他。

苏醒，我们是要说再见了么？我想。

他离开那天天气还不错，我坐在靠窗的位置望着外面明晃晃的世界，手里学着他平常的样子转着铅笔，可笔总是掉在地上。我懒得弯腰去捡，于是换了支笔继续转，然后它果然又做了自由落体运动。这样来来回回几次，我的文具袋里再也没有多余的笔供我转了。

笔掉了一地，看起来很乱的样子。

我的同桌是一个乖乖女，她悄悄地看了我一眼，然后嫌弃地自动坐出去些距离。她的睫毛很长，鼻子很小，齐齐的刘海，校服总是穿得很干净整齐，有时候我在阳光下看着她，总会让我不由自主地想起一种叫做樱桃的水果。

但是很明显，她不喜欢我，或者很讨厌我，这一点我不在意，有时候看到她躲着我的样子，我还会怜悯她。她是那样的女生，心里讨厌，却永远不会从嘴里说出来。很可怜。

讲台上老师永远说着我听不懂的话，那个更年期的女人在无数次把我赶出教室之后彻底失去了折磨我的兴趣。她手里执着教鞭，凌厉的目光在教室里来回巡视，我猜，那目光里面早已没有我。

离下课还有二十分钟，我听不进去任何东西，也无事可做。于是趴在桌子上幻想苏醒此时此刻在做什么。他一定穿着那件旧旧的格子衬衫和洗得发白的牛仔裤，他太瘦了，衣服里永远显得空空荡荡。他的画板一如既往地背在瘦骨嶙峋的背上，手里提着一只小小的军绿色帆布包，那里面装着他为数不多的衣物。

他站在车站涌动的人海里，倔强得像一棵小杉树。他的脸上一定有得逞的笑容，嘴角稍微上扬，看起来年轻而又邪气。火车将在下午两点离开，带着他奔向未知的远方。

不知道他在这时候有没有想起过我。我拿出手机，上面显示现在的时间是十一点零五分。手机屏幕被蓝色的海洋填充，干净的蓝色。上面没有显示有未接来电或者未读短信。

他的教室就在对面，我身子往后一点就能看到他的座位。以前我常常隔着两扇门和一米多宽的走廊对着苏醒做鬼脸，他有时会在座位上笑得前俯后仰，有时会很正经地当作没看到。

他的位置已经空了两天了，没有人发现。除了我。

我的苏醒，他就要离开了。可是没有人知道，也没有人，替我挽留他。

我忽然觉得很难过。

第一次见到苏醒是在美术楼破败的走廊里。

那天我像往常一样从教室里偷偷溜出来，却因为操场那边正在翻修而出不去，于是在学校里无聊地瞎晃悠。美术大楼是学校下一步要翻修的地方，那里已经没有上课的学生。教室里堆满了乱七八糟的垃圾，一些颜料和撕成碎屑的宣纸到处都是。墙壁上的粉刺也有大面积的脱落，走廊上有穿堂风经过，场景显得很诡异，所以当一只手突然搭在我肩上的时候，我惊慌失措地尖叫起来。

然后下一个瞬间，对方的手捂着了我的嘴巴，手指冰冰凉凉的，在躁动的夏天，让我觉得很舒服。可是，我当时真的以为是遇见鬼了。

你别害怕，我不是坏人。大概是受了我的影响，好听的声音也显得有些慌张。

我壮着胆子回过头去，于是看到了一个瘦瘦高高的漂亮男生。

男生穿着旧旧的格子衬衫和洗得发白的牛仔裤，熟识之后我才知道这是他最爱的穿着打扮。他的头发短短的很精神，皮肤很白，眼睛是好看的琥珀色，像是一汪湖水，它们静静地注视着我，清澈得让我的面颊情不自禁地烫了起来。

你是谁？我有些生气他的装神弄鬼。

我叫苏醒，高三C班，学美术的艺术生。他这样自我介绍，顺便侧了侧身子让我看到他背上的画板，以证明他说的是实话。

你呢？他看着我，眉头微微蹙了起来，现在是上课时间，你怎么会出现在这里？

我……我是值日的老师，我是来巡查有没有逃课的坏学生的。我扬起下巴看着他，你不会就是逃课出来的吧？回头让你的班主任来我办公室解释一下情况。

他不说话，眉头却舒展开来。他只是看着我的眼睛，很温和，却让我再次紧张起来。没隔几秒钟我就投降了。

呃……开个玩笑而已嘛。我嘟囔着，然后别开了脸。一直和他这样对视下去，我真的会窒息而死的。

我也是，开个玩笑而已。他笑着说，我疑惑地看着他，不知道他是在故意学我，还是真的在开玩笑。

他轻轻推开了教室的门，然后走了进去。我瘪了瘪嘴，也跟着走了进去。

那天下午，我和苏醒两个人呆在乱糟糟的画室里，他认真地画着画，我觉得无趣，就随便找了一个位置睡起觉来。

醒来之后又看到他在我对面微笑着看着我，我搓了搓惺忪的眼睛，以为他是对我一见钟情了内心还很羞涩，可是后来看到他画板上勾勒出的那个胖胖的睡得很甜的女生，以及嘴角不停滴下来的口水时，我卷起袖子差点跟他拼命。

我说过了，苏醒的教室就在对面。那天回来我搬着我的桌子椅子浩浩荡荡地往教室后面走。桌肚里塞满了无数本过期杂志和开了封却没吃完的薯片。我找到一个合适的座位，后门打开的时候，身子往后一点就能看到苏醒上课的样子。

我和苏醒莫名其妙地混到了一起。也许就和他们说的一样，我看上了苏醒的美貌，所以主动去勾引他，而苏醒是那样好的男孩，他不懂得拒绝，没有办法甩掉我。

其实我也不太清楚，有一点可以肯定的是，我喜欢苏醒清澈的目光，他的眼睛好看明亮，身上有阳光的明朗，他从来不嫌弃我，总是对我温暖地笑。我喜欢跟他在一起。但是他为什么不排斥我，我就真的不知道了。

我有时恬不知耻地想，或许，他也是看中了我的美貌吧。

我常常和苏醒同时登上学校的公告榜，我是得处分，而他是得奖。我对画画一窍不通，但是听说苏醒的画是全校最好的。画什么像什么，生动灵气，参加比赛从来都拿第一，学校的老师都把他当宝贝，觉得他将来一定会成为画家，为学校争光。

所有人都羡慕苏醒，他是那样的优秀。可是只有我知道，我的苏醒，他并不如大家想象的那样快乐。

他和我一样，有着光洁的表面，而内心千疮百孔。

有一次苏醒获得了全国美术大赛的一等奖，还有五千块的奖金，学校的横幅拉得到处都是，集会时苏醒和往常一样上去念了三分钟的感谢。那天晚上我缠着他请客，他带我去吃了爬爬虾。我平时吃饭都是狼吞虎咽，吃那种麻烦的东西很不得要领。于是嘴巴被扎烂了好多处，苏醒担心我这样下去会变成哑巴，于是耐心地一只一只剥好了放到盘子里。

那天他说话很少，眼睛里蒙了一层雾气，像是有心事。他剥虾的动作很认真，隔着暧昧的灯光，我忽然觉得很心疼，不由自主地弓起身子将手探到他的眼睛上，我说，苏醒，你不开心。

我的苏醒从来不会说谎。他看着我，然后点了点头。

商桑，我并不想去参加那些所谓的美术大赛。

你不是很喜欢画画么？我很疑惑。

我是喜欢画画，可是不是参加比赛那种。我喜欢画的是我眼睛看到的心灵感受到的世界，它们不可触摸却让我痴迷。而比赛那种，老师让我画什么我就画什么，不能违抗。我不喜欢那些瓶瓶罐罐，我只想画属于我感受的东西，虽然这次拿了一等奖，可是却因为参赛作品的问题和老师大吵了一架。

商桑，我觉得很累。

我惊讶地看着他，却不知道该怎么安慰他。我的苏醒，原来他也不快乐。

我们常常漫无目地走在夜晚的大街上，周围人来人往，霓虹闪烁。累了我们就坐在世纪广场的木椅上，互相依偎着，望着超市外面的大屏幕发呆。

苏醒说，商桑，我又和我的老师吵架了。最近我们常常发生争执，你还记得我们第一次在美术楼里遇到么？那天我也是从课堂上逃出来的。

嗯。我明白，不用想太多，你看我，从来都不管老师说我什么。我玩弄着苏醒的手，他的手指瘦削，骨节泛白，长期作画，上面却很干净，没有沾染上任何颜料。

商桑，我真羡慕你。苏醒喃喃地说。

苏醒说过很多次羡慕我。

羡慕我羡慕我，可是我究竟有什么是值得羡慕的呢？

有一次在天台上，苏醒认真地画着蓝天，我躺在一边，想着昨晚上家里那个女人又带回来的陌生男人。她已经快四十岁了，却依旧喜欢鲜红色的口红和裸露的衣裳。她的身材在这些年走形得厉害，我真想象不出她走在人群里接受别人唾弃的目光时是怎样的心理。

她给我买很多漂亮的衣服，带我去烫我喜欢的头发。只要我看上的，她都满足我。似乎从来没有考虑过那些到底适不适合我这个年纪。我不知道她到底爱不爱我。

她她她她她……我从来不愿意承认，她是生我养我的人。

她……是我的母亲。

我突然就觉得胃里酸涩得难受，很恶心，想要吐。可是我不想在苏醒面前表现出来。

我故作神气地从地上一跃而起，然后兴奋地告诉苏醒，我打算去远方。

苏醒停下笔，天蓝色的颜料已经涂抹了大半张宣纸，那是和苏醒获奖的作品完全不一样的画，没有任何约束，好像颜料自己在宣纸上挥洒，抽象凌乱，却充满了生命的张力。

我忽然感动得想哭。

商桑，我真羡慕你。

知道我为什么喜欢和你在一起么？苏醒看着我，因为你是那样自由，那样美好，从来不理会别人怎样看，你活得如此坚强，生机勃勃，而这些，我永远都做不到。

有时候他们上副课，我就端着凳子去挨着他坐。他从来不训斥我，只会看着我无可奈何地笑。那年我的名声很烂，整个高三年级都知道B班有个女生叫商桑，巧克力色的卷发，喜欢穿大红色的裙子和白拖鞋，七个耳洞，戴手镯一般大的耳环，脸皮很厚，成绩是万年的第一，倒数的。

商桑没有爸爸，妈妈生活不检点，她也跟着不学好。好孩子们都躲着她，不要跟她学坏了。

可笑的是，C班的老妖精常常踢着正步在讲台上把我当成范例讲，告诉那帮艺术生，他们只是成绩差点但是前途一片光明，像商桑那样的，才是真的没救了。

那个老妖精一定不知道，我的耳朵就贴在他们班的墙壁上。虽然我脸皮很厚，但在听到她这样重复讲了五次之后，我卷起袖子准备跟她干上一架。我气势汹汹地往他们教室冲，苏醒那个混蛋却把门"砰"地一声关上了。

我在他们教室门口，对着老妖精破口大骂，在她来捉我之前我飞快地溜了。我脸皮很厚，我什么都不怕。

那是我第几次逃课我已经忘记了，学校的操场依旧在翻修，那天我大摇大摆地走了正门，我心里翻腾着滚滚烈火，想着"拦我者死"，奇怪的是，学校的保安竟然没有管我。或许，他们也已经把我当成空气了。

双脚迈出大门那一刻，我忽然觉得有点虚脱。回过头去看干净而肃穆的校园，现在是上课时间，一切都在有条不紊地进行，没有人会来管我。

这是不属于我的地方。

事情是以我上了公告终止。老妖精本来逼我请家长来，后来她扶了扶眼镜，鄙视地补充了一句"算了，不要脏了我的办公室"。我当着她的面把口水吐在了她的高跟鞋上，然后转身出了办公室，她在我身后发出恐怖的尖叫。

那段时间我也不再主动去找苏醒，他拦着我去跟老妖精拼命，他关上了我要冲进去的门。他不是我的朋友，我们始终不一样。

怨气从心里翻腾出来，一发不可收拾。我接连几天没有去上课。整天躺在屋里装死。那个女人从来不问我为什么逃课，老师打电话来时还会假惺惺地说我生病发烧得厉害，恐怕这几天都不能去学校了。

她和我一样，对于逃课，已经习以为常。

她给我买来我最喜欢的冒菜，然后兴奋地唤我快出去吃。我光着脚丫去客厅。她正忙着把冒菜倒进更大的碗里，然后去厨房里拿干净的筷子。她的腰上已经有很多赘肉，才烫好的卷发也没来得及打理，显得乱蓬蓬的。

我瘪了瘪嘴，心里很难受。

我挑了一块土豆片放在嘴里，却觉得味同嚼蜡。我说，我不想再上学了。

她迟疑了好一会儿，然后笑着说好，商桑不想上就不上了。妈妈养你。

你养我？你拿什么来养我？就靠着那些恶心的男人么？如果你寂寞了，你就找一个好男人嫁了，不要管我！……不要一个又一个地换男朋友，我已经长大了，你知道学校里的人怎么看我的么？……你到底有没有替我考虑过？！我拜托你，以后可不可以不要再做那些丢脸的事情！……你从来都不爱我，从来不考虑我的感受！我讨厌你！

我把热腾腾的冒菜推翻到了地上，油汤洒了一地，它们浸透了灰白色的地毯，慢慢地，一点一点地，浸透了灰白色的地毯。

她好半天没有说话，有些不知所措。我恨恨地转身出了门，想着一辈子再也不回去了。

一辈子，再也不回去了。

我没想到能遇到苏醒。他还是穿着那件旧旧的格子衬衫和洗得发白的牛仔裤，背着画板，有些落寞地站在我家门口。看到我气冲冲地出来时，神色变得有些紧张。

你来干吗？以后别再来找我，我讨厌死你了！讨厌死你们了！所有人！我把怒火转移到了可怜的苏醒身上，冲他吼完以后我就头也不回地跑开了。

那天下午他一直跟在我的后面走过了一条又一条街道。直到我没了力气，软塌塌地躺在路边的横椅上。他小心翼翼地走了过来，欲言又止。

商桑……他叫我的名字。

我闭上眼睛，假装没听到。

我要离开了。他继续说。

去比赛么？我想着。

去远方，也许永远都不会再回来了。他望着天空，说这话时脸上充满了向往。

我从椅子上坐了起来，看着他，依旧没有说话。他对我笑了笑，我心中满怀的怒气就烟消云散了。

他牵着我的手去买我喜欢的荔枝味的奶茶，然后细心地插好吸管递到我的手心里，安静地看着我大口大口地喝下去。

苏醒说，商桑，你不要再生我的气了，那天你从办公室出来以后，我就替你报仇了。

怎么替我报仇的？我好奇地看着得意洋洋的苏醒，猜想着他怎么帮我对付老妖精的，不会是替我抽了她两巴掌吧？我摇了摇头，这不是苏醒能做出来的事。

你回学校就知道了。他还在故作神秘。其实我一直也很讨厌（我提示他要叫她老妖精）……老妖精的，她特势利，我看不惯她很久了。

我才不回学校嘞。我伸手抓了抓他的头发，我要是真回去了，她还不知道会怎么收拾我。而且，我已经跟我妈说了，我不打算再上学了。干脆……你带我一块走吧。

商桑，其实你很喜欢上学的，我知道。只要你愿意，你一定会变成一个很好的学生，我敢保证。苏醒认真地看着我的眼睛，可是，如果你真的想跟我一起，我们就一起走。

去哪呢？你有钱么？

我的苏醒，从口袋里掏出一张存折，他给我看上面五位数的余额。我这才知道，这个一贯听话的好学生，一直都有着出走的计划。他去参加那些自己厌恶的比赛，只是为了拿到一笔笔可观的奖金。他把它们全部存了起来，为了完成他要去远方的梦想。

我的苏醒，我到现在才明白，他是那样一个勇敢的少年。

那天晚上我回家收拾行李，天色已经很晚，家里的灯亮着，开门的瞬间，我有片刻的犹豫。那个女人已经把家里收拾得干干净净，喷上了柠檬味的空气清新剂，桌子上铺起了新买的洁白的桌布。她看到我回来，开心地从厨房里端出已经快凉的饭菜。

我不忍心再拒绝她，于是乖乖地坐到了座位上。

她的心情看起来很好，似乎下午的事情只是出自我的幻觉。她把头发梳得很整齐，用黑色的夹子夹成好看的发髻。她换上了棉布裙子，看起来干净得体，像个真正的十七岁女孩的母亲。

我这才发现她原来如此好看。

她说，商桑，妈妈明天就去找工作，我下午出去看了看，附近的超市正在招收营业员，我问过了，只要我愿意，随时都可以去。只是工资一般，但是供给我们母女生活也足够了。妈妈以前是希望你考个好大学，但是我更愿意我的女儿快快乐乐地生活下去。不管你做什么，我都支持你。

商桑，原谅妈妈好么？

她看着我，眼睛里泛着泪光，在灯光下晶晶亮亮的，很美。

我的心就这样柔软下来。

其实她一直都对我很好。是这个世界上，对我最好的人。就算很多人不喜欢她，可是我没有权利也没有资格去质疑她鄙弃她。她是我的母亲。

我不能离开她。不能。

我上前抱着她，眼泪掉下来，却感受到了从未有过的温暖。

我回到了学校。拉直了头发，重新染回了黑色，开始穿熨得很直的校服，上课不再开小差，就算听不懂，也强迫自己听下去。课桌里的期刊杂志和零食变成了摆得很整齐的各类习题集，我开始认真学习，像所有的高三学生一样。

像所有的乖孩子一样。

学校里张贴出了新的公告，这一次，我和苏醒的名字出现在一张纸上。那是记过处分。

后来我听我的同桌说，苏醒当天冲进办公室，粗鲁地夺过了老妖精的树脂镜片眼镜，然后摔到地上，还恶狠狠地将眼镜踩了个稀巴烂。他还特张狂地指着老妖精的鼻子说："我最看不起你这种势利眼了，恶心得要命！"

我的樱桃同桌说起这件事时，脸上竟然充满了崇拜。我翻了翻白眼，想着果然还是花痴少女。

其实，内心里，我也开始崇拜起苏醒来。

我的苏醒。

对于我的改变，苏醒似乎很开心。可是他要去远方的决定，已经无法变更。

自从他在办公室的英勇事迹传开以后，他在老师眼中也沦为了和我一样恶劣的学生。他更加放任地在专业课上画自己喜欢的画，渐渐地，老师们也不再管他。

他就要去远方了。一个人。

我很想问问他，一个人奔走在陌生的世界，真的不会恐慌么？

可是我也知道，他永远不会回答我，只会看着我安静地笑。他的牙齿白白的，左耳朵上戴着一只被切割成菱形的耳钉，会在阳光下发出一朵小小的、璀璨的光芒。

他的笑容永远让我觉得安心，可是，我也知道，他骨子里有多么倔强。

所以当他得意洋洋地告诉我他的计划时，我知道，我就要失去他了。

或许，永远地失去他了。

我们终于选择了不同的道路，奔赴未知的将来。

他一个人。我也是，一个人。

在午后无人的天台，天空显得又高又远，我伸出手踮起脚尖，也触摸不到。我吸了吸鼻子，走上前去，轻轻地抱了抱他。

苏醒，我们是要说再见了么？我想。

四月十一日下午两点。苏醒乘坐火车去了远方。

四月十一日下午两点。我抱着从图书馆借来的英语资料急急忙忙奔向教室。

我们也许将从此不再见面。

很久以后我习惯在做作业时，耳朵里塞满了汪峰的声音。那个沧桑的男人，他略带沙哑的声音一次又一次地让我泪流满面。

妈妈在厨房里忙碌着为我准备夜宵。她在超市上班，人也日渐明朗。她喜欢上为我做好吃的饭菜，并且嘴里哼着一些过气却依旧好听的调调。她爱我。我确定。

我放下笔想起苏醒。想起那个有着清澈的目光内心却倔强到无以复加的漂亮男孩。耳边的汪峰依旧唱着，唱到我心都融化了，眼泪不止。

我的苏醒。我想知道，他在这样的夜晚，有没有想起过我。

如果生命只是一场碎梦/我为什么还在追逐/如果人们看到我的背影/还会不会为这个傻瓜而感动/

我们独自走在路上/穿越那些山脉和河流/已经忘了生命的存在/走在独自一人的路上

青奈

文/王天宁

　　汽车没轻没重的回火声轰然响过，悉梅在黑暗中缓缓睁开眼睛，四下的一切逐渐变得清晰。耀眼的金黄色灯光照进窗子，顺着书桌往上移，投在天花板上明亮的一大片。

　　该死的回火声还在响，似乎车体拐到马路牙子上被垃圾筒一类挡住了，车主因为技术不过关下不了台阶，摇下车窗咋咋呼呼地向路人寻求帮助——设若此时还有路人的话。车厢里的音乐声清晰地飘过来，悉梅烦躁地用枕头紧紧捂住耳朵，歌声支离破碎的，还是偶尔能听到两句歌词。歌曲口水得很，街边小店天天靠这首歌招徕生意。演唱的歌手凭声音嗲而闻名，寻常说话都大喘气，唱歌更不必提，软绵绵的，和羊叫异曲同工。

　　悉梅压抑住往楼下喊话的冲动，这司机怎么这样没素质，大晚上不睡觉，别影响别人睡啊。她与浓得化不开的睡意斗争了半天，终究选择了放弃。和陌生人因为鸡毛蒜皮的事争吵，到底只存于悉梅的想象里。

　　屋子里黑洞洞的，睡意像一片海，海水一浪接一浪涌来。汽车的回火声仿若小了，车主关掉音乐，紧接着"嘭"的一声车门响。

　　悉梅的脑壳快炸了，好在随后安静下来。夜色渐深渐浓，昆虫的鸣叫声重又占据满黑暗的边边角角。

　　"睡啊，快点睡啊……"在心里一声声叹息。披散在枕边的头发在翻来覆去中，一股脑盖住她的脸。悉梅努力张开眼睛时，细细的发丝扎得眼眶里都是泪。

　　一声呵欠没冒出来，困意占了先。车灯横扫过后，月光终究照不亮屋子。透过窗子看，月亮只是小小的光点，独个儿杵在半空当中，孤零零的，寒冷。

悉梅的梦里面没有这些，花色的片段被充实的睡意填满。由一点，延伸成一线，扩展成一整个面。若说悉梅空荡荡的梦里还剩点什么，那指定是恩同。是恩同的身影，在各种体育比赛上迎着风奔跑时，衬衫的下摆被风吹开的影子，飘飘忽忽。恩同在黑板上演算出数学老师难为学生的题目时，男生立在周围人赞叹的目光中，即便心里很得意，也从不表现在脸上，嘴角收得很低，狭长的眼睛像一口幽深的井。

"恩同。"悉梅忽然听到自己心底冒出这一声，心下一凛，早已填满大脑的睡意被急速从身体里剥离。女生睁开眼，与天花板相望，心里觉得荒唐，暗暗骂自己幼稚；刚想闭上眼，忽然哪一声又来了，"恩同，恩同。"且一声高过一声。听清楚了，这不是从自己心里发出来的。汽车引擎重新启动起来，那首歌从切断的地方继续哆哆嗦嗦地唱。熟悉的男声传入耳朵："爸，爸你别动，我来开。"

悉梅慌忙爬到窗子边，黑暗中男生的身影坐上驾驶座。汽车轻巧地绕过垃圾桶，顺利下沿，在夜色中慢慢消失，车灯照出的光亮像是温暖的目光。

悉梅在床上和衣而坐，一夜无眠。

给姐发的短信老也不回。悉梅心里焦急，上课时听不进去，眼睛老往桌洞里瞅。时间一久她开始犯困，闭上眼睛整张脸往桌面上摔。在讲台上的老师讲到动情处恨不得将粉笔折断时，悉梅的脸结结实实地砸在木桌面上，"啪"的一声让老师都瞬间愣住神，手下用力，画出长长一道，横贯整个黑板。

全班哄堂大笑。

悉梅抬起头，意识还没清醒过来。她坐的位置很靠前，回身把大半个班级尽收眼底。朦胧的视线中一整片人笑得前仰后合。男生忽然显眼地突兀出来，似乎全世界的光源都集中到她身上。她暴露在晨光中的牙齿，把阳光都反射得失去本色。

悉梅简直以为自己还在梦里。

"没……没出息。"悉梅在心中使劲骂自己，老师似是把这句话搁进耳朵里，在讲台上气吞山河地来了句："真没出息啊。"

悉梅心里一惊，眼瞧着男老师伸出手指在空中划了一圈，翘成兰花绽放的势样，直直指向自己："好端端一女生……"似是痛心疾首地紧皱着眉，说了半句就住了口。那瞬间收回的半句其实更有力量，男老师深谙

"此时无声胜有声"之道。他心满意足地观赏了几眼女生顿时耷拉下来的嘴角，拍拍手上的粉笔灰，把折断的半截粉笔掷到垃圾桶里，"好，继续上课。"

悉梅的心里一片冰凉：敢情自己真掉进梦里爬不出来了。

不用支起耳朵，也能听到近处的嬉笑声。她不敢想，不敢想男生是不是也在笑。她也不敢回头看，她怕那双眼，叫她心虚，像一口深井，仿佛掉进去就出不来了。如此说来，那更像一个梦境。

恰在这时手机"嗡嗡"地响起来，悉梅忙把它握在手里，瞥一眼讲台，幸好男老师还在讲课，慷慨激昂，唾沫星子乱飞，最前排的学生像是站在大操场上淋雨。

屏幕不够亮，悉梅又近视得厉害，她只得把眼睛整双贴上去。

梅梅，又想老姐了啊。不急，我在凤凰古城写生呢，过一段时间就回去，会给你带礼物，你不是说你同学喜欢吃青奈吗，我可给你买好了。

屏光灭了，光滑的屏幕像镜子一样，女生在里面看到自己五官平淡的脸，没有一处精致到吸引人眼球。自小就是这样，眼睛有些肿，鼻子不够挺，扔到人堆里挑拣半天也不定能找出来。即使她现在终于长成大姑娘，也极难从别人口里得到一声修饰自己的"漂亮"。

漂亮的大姑娘。嗯，这才是理想中的称谓。

青奈。她想起姐在短信里提到的水果。这是叫人浮想联翩、使人着迷的名字。她想象着它的色泽，它的口感，把它捧在手中散发出糊住鼻孔的缕缕香气。

"你该给我买最好的水果来。这么久都不回来，就知道玩，拿什么写生当借口！"她有些赌气地想，把书本"啪啪"合得山响。引得男老师边讲课边用眼白瞥她，悉梅表情讪讪的，慌忙停下来。

下课铃响后，老师从她跟前走过，厚厚的几本书夹在腋窝间。"傻姑娘。"随他离开的步伐前后脚抛来一句，等悉梅明白过来是说自己，男老师早就无了踪影。她抬头朝教室门口瞧去，风把木头门吹得吱呀摇晃，重重叠叠的教学楼挡在视线中央，楼上黑洞洞的窗户里映出学生来回走动的剪影子，天空蓝得有些阴暗，悬在上面，又高又远，宛如没有重量。

"好了，"悉梅咧开嘴嘲笑自己，"没人夸自己漂亮，傻倒是有，还很贴切。"

男生的脸忽然出现在悉梅眼前，不知是错觉还是什么，他似是看了自己一眼，心脏得到感应一般狂跳，悉梅的笑容猛然僵在嘴角。她鼓起勇气欲抬头确认一番，人群里再找不到男生的目光，他随其他学生一起涌向门口，留在悉梅眼睛里一道修长的背影，脊椎透过短袖衫突出长长的痕迹。

不知怎么，悉梅产生了错觉，姐短信里提到的青奈，应该就是这样，像一道后背微驼的背影，给人难以形容的神秘感受。

悉梅真的笑不出来了。

悉梅蹬着自己的粉红脚踏车往下一个高坡冲刺。前面一道道高低起伏像山峦一样的公路，灰色细长，仿佛永远没有尽头似的铺展开。黄昏的余晖下，这条公路几乎变成金色，一层一层的光，悉梅骑过去，一层一层的光叫她睁不开眼睛。

天太热的缘故，眼前昏花一片。头发黏在后背上，湿乎乎的都是汗。最后一丝力气也要耗光了，悉梅脚下用力一蹬，整个人像泄了气的皮球，只得步履艰难地躬身向上推。

"需要帮忙吗？"同路的女生对悉梅开口。女生不和她一般狼狈至极。自从她从后边追上来，悉梅上下扫视了几遍，目光始终黏在女生的电瓶车上挪不开。

"不用，不用了。"悉梅斜过眼，女生干净的头发垂到胸前，脸上不带一滴汗，丝毫没有喘息的痕迹。"不用了。"悉梅又说了一遍，像是说给自己听。

像这样放在哪里都是点缀的女生，悉梅向来很少接近。她们像是来自四面八方的刺眼的光，跟照妖镜一样，悉梅之辈在她们的反衬下，立马现了原形，张大嘴巴化成一团阴影。因为速度过快，旁人就算支起耳朵，也听不见从她们嘴里传出的一丝惨叫。

两人沉默着骑了一段路。悉梅低下头，沥青马路在视线里被渲染成一条光带。双方本来就不熟悉，在班里说过的话用双手就能数出来。这样相处让悉梅着实尴尬，整块头皮阵阵发麻。她想找些话题打开冷清的局面，却不是舌头活络的人，绞尽脑汁也想不出什么有趣的开场白，只好作罢。

悉梅巴望着，赶快到家，赶快逃离这个局面。

到底还是女生先开了腔："今天真热啊。"——如悉梅所想，如白开水一样淡然无味。

"嗯，很热，快到家了啊。"悉梅对女生笑，恍然发觉自己整张脸都是僵的。对方看她的笑容也一定很假很难看，悉梅立马闭紧嘴巴。

"今天你的表现很出乎我们意料呢。"女生又说。

"嗯？"悉梅望着女生。

"啊，我是说你上课居然睡着了。看把老师气成什么样了，"许是看到悉梅瞬间皱起的眉，女生的话头忽然一转，"不过，倒是挺可爱的。"

"真的很可爱，"女生似乎为证明什么，急急补充一遍："我，我同桌，还有前后同学，都被你逗笑了。还有啊，恩同，"她说到这里忽然停顿住，狡黠地看着悉梅的脸。悉梅的心整个提起来。恩同？恩同怎么了？表面却装着不在乎："恩同说什么了？"

"恩同说：'悉梅是个很有趣的女生哦'。"她惟妙惟肖地模仿着男生的声音。那一双目光又落到悉梅脸上，仔仔细细地想在她平静的表情上看出点波澜。

却终究没有看到。

许是感觉失落，女生加快了电瓶车的速度，超出悉梅几步远，回过头来跟她告别。风撩动她的头发，余晖落在电瓶车的后车架上，被血染过一样的红色。

远远落在后面的悉梅只感觉这景象触目惊心地美。

"恩同说：'悉梅是个很有趣的女生哦'。"那句话霸道地浮上来了，悉梅发觉全身软得没力气。把车支在一旁，小腿哆嗦，俯下身大喘气。

滴在地上的几滴汗，反射着些微天上的光。

"姐说她过两天回来。"悉梅在饭桌上对母亲说。

"那疯孩子，别管她。她爱在外面玩多久就多久，她死了也没人管。"母亲用围裙擦手，把擦着的碗碟端进厨房，来回进出几趟，没好气地冲着悉梅。

一会儿"哗哗"的水声传出来，悉梅撂下碗筷，走到母亲身旁。

"你这孩子，把碗放下，你洗不干净。快放下，去，回屋写作业去。"母亲的声音高亢，其中兴许带了急。被咬出一个豁口的花边瓷碗在两人的争执中静止了一时，母亲稍一用力，便夺了过去，整只碗油脂麻花的搂在自己怀里。

悉梅争执不过，自小就是这样，母亲不许她干活，连凉水也尽量不让她碰，铁定了心叫她那双不算美的手只用来执笔写字。

屋子里的台灯有些暗，光芒时不时颤动一下，害怕一般，如同将逝去的生命苟延残喘。这盏台灯，连同家徒的四壁，一切像一个世界，把悉梅围于这个不甚明朗、狭小的空间里。桌面很空荡，几乎没有摆设。小时候她去要好的女伴家玩，被对方书桌上花花绿绿、叫人眼花缭乱的小摆设耀盲了眼。她随手拿起一个，问对方价格。那串数字她记不明晰了，只记得自己听后慌慌张张地放下。那几乎她的四口之家三四天的生活费。

那天女伴翻出最好的玩具招待悉梅，她却始终提不起兴致。她缩在椅子上，怕冷一般抱紧臂膀，小女孩在她对面仿佛隔了一层雾。她明白地感到和对方隔着一层看不见的膜，虽没有本质的差别，但她与她是迥然不同的。这让她为自己感到悲哀。

钱。

那天她脑袋里一刻不停地啸叫着这个字眼。她在一片内心的荒凉中切实地感受到，自己就是在那一天猛然长大的。

钱。

这对悉梅家来说是沉重的话题。尤其在父亲去世后，生活变得更加拮据。狭小的房间，摇摇欲坠的课桌——十几年前它就立在这里，据说是爸妈的定情物，桌面斑驳，漆磨得快掉光了；水泥制的地板，细看一个个小小的洞眼，生硬地挤在一起，饭桌上四季不变，总是脆生生的蔬菜。

悉梅在班里听到女生们谈论崇拜的偶像，举着限量版的唱片借来借去，就会尽量躲远。时尚杂志里一张张厚厚的铜版纸，都硬生生地戳着她的眼。

台灯闪了几下，忽然灭了。悉梅伸手摸上灯罩，使劲敲了两下，灯才不情不愿地亮起来。依旧昏暗，书本上的文字像蝌蚪，悉梅须把头整个凑上去。

"妈，灯又坏了，改天给我买个新的吧。"悉梅朝门外喊。水声停了一会儿，紧接着又"哗哗"地响起来。悉梅面朝向灯光眯起眼睛，沉默着一直等。母亲推开房门，擦净手上的水，"再等等吧，最近家里有些紧，等妈发了工资就给你买。"

顿了顿，又说，眼睛却不瞅悉梅，"要努力学习啊，别老想着用好的，你姐我是指望不上了，我可把希望都寄托在你身上了。"母亲忽然想起什么，"还有啊，千万别谈恋爱。学生时候，学习是主要的啊。"

悉梅刚要向母亲要求，发了工资能不能给自己买辆电瓶车，夏天里来回骑车上学实在辛苦。她的话叫悉梅哽住话头，心里空空的，仿若再也藏不住秘密。还是说，母亲发现了什么？悉梅不敢再想下去。

"你姐我是指望不上了，我啊，我把希望可都寄托在你身上了……"

同路的女生往来时一直骑电瓶车，看来确比自己的破自行车骑来轻松。加速和刹闸皆用右手掌心控制，能毫不费力地在像山峦一般起伏的柏油公路上前行，一头飘逸的秀发傲气十足地浮在脑后。

恩同的脸在心底现出轮廓，如融化在水底一般，疏忽没了踪影。

悉梅把头深深地低下去，愧怍地不敢看母亲的眼睛。

很多年以前，那时父亲还在世，每天清晨呵悉梅的痒，叫她起床上学。他不会讲故事，简单的情节在他嘴里也颠三倒四，但他却津津乐道安徒生的童话。"小公主。"那时他这样称呼悉梅，把肉团一样的悉梅抱在怀里。若大女儿在身边鼓起眼睛、气呼呼地盯着他们，父亲就笑呵呵地顺便分一条腿给她坐。

悉梅上高中后他得了很严重的病。短短几个月之内肌肉萎缩，脸颊凹陷，最后只得卧床，宛若回到婴儿时代，一切须人侍候，否则一时也活不下去。他眼瞧着虚弱、衰老，整个人瘦得只剩一把骨头，连喘气都变成了费力的事情，胸腔上下起伏几乎成了他自己所能做的最大幅度的动作，叫旁人看得心惊不已。

他最后一次同悉梅说话是在黄昏。父亲在一场长达十几小时的梦中醒来，用嘴巴和眼球示意在床边侍候的母亲，要悉梅来到自己身旁。

父亲盯着悉梅的脸，浑浊的眼球里的光一会儿亮起来一会儿暗下去，终于慢慢集中起来，凝集成一束，类似太阳的光线那样从眼球深处激射出来。

他的嘴唇哆哆嗦嗦的，艰难地抬起手，悉梅慌忙一把抓住。"小公主，"经过了这些年，父亲恋旧一般，再一次这样叫她，"人鱼公主最后可变成泡沫了呀……"

这是父亲最喜欢的一篇童话，幼时隔三差五讲给她听。担心她厌倦，总在里面掺和自己改编的新内容。但故事的尾声，父亲却每次都原封不动地复述出来——人鱼公主为了爱情变成了大海中的泡沫，太阳露出头，甲板上的人惊奇地发现大海深处冒出了一簇一簇彩色的气泡，在海面上破裂，能听到一声声"啪啪"的脆响。

父亲读来声音悲怆，格外动情，"人鱼公主最后化成泡沫了呀。"这句陈词结束后悉梅就该熄灯睡觉了。

父亲仰面躺在床上，说完这句话脸色忽然变得很平和。窗外的阳光投在他圆睁的眼里，像是寻找到了切入点，两个鲜红的小亮点齐整地出现在眼球正中央。

"不刺眼吗，爸爸？"悉梅用手给父亲挡住阳光。"别……我想看……太阳……"父亲的声音又变得极微弱，需用尽气力才能从他残破的肺里发出来。

"好，你看吧。"悉梅把窗帘拉开一些，碧空如洗，整片天空一望无际，没有云，一丝云也没有，太阳垂到西边，折出远处高楼单薄的剪影。天空干净得像是海，要倾倒过来，把这个世界淹没。

父亲大张嘴巴，似是极吃惊地望着眼前的一切，口水流了满满一枕头。

她又捡起父亲走时留给她的问题。

"人鱼公主最后化成泡沫了呀。"

她细细挑拣每一个字，将它们挨个放在自己身上，试探它们究竟能出个什么效果。失眠时她常常听到汽车的回火声，男人似乎经常喝醉，开不过悉梅楼下的台阶。男生又总是及时出现，要父亲坐到副驾的位置，自己驾驶着汽车一路平稳缓慢地前进，在苍茫的夜色中开不了几步远，车头掉转后，灯光闪了两下，一切归于黑暗。

悉梅格外笃定，恩同确实和自己住得不远。

难不成，父亲说自己是人鱼公主吗？那么恩同呢，恩同又是什么？他会是那个王子么？

想完她觉得自己幼稚可笑，哪有这样的公主？是泡沫倒差不多。

泡沫，泡沫其实也是好的，就算只在阳光下五彩斑斓地美丽了一霎，可是它美得触目惊心，足叫四围的人一生铭记。

嗯，就当泡沫吧。

姐剪短了头发，整个人瘦了一圈，回来时拎着大包小包，一副风尘仆仆的模样。

"你还真像个旅行的。"母亲给她接过包，打趣道。姐不言语，抿紧嘴巴。悉梅觉得奇怪，她不该和妈顶嘴吗？

"妈，"她的表情不同于以往，有些庄重，"说真的，我，我想你了。"

母亲吃惊地瞪大眼睛，眼角皱纹细微地挤在一起，"哎，好女儿，妈也想你了。"

"还有你，"姐把目光投向悉梅，伸手从包中掏出几个翠绿色的小果子，满塞进悉梅的手心里，"小东西，这是我答应给你买的青奈，我可没食言啊。"

几个果子像极苹果，只是小了好几圈。苍翠的绿色仿若能滴出水来，凑近鼻尖，却没有想象中糊住鼻孔的果香，只是稀松平常的小水果，而已。

咬了一口，悉梅的整张脸迅速皱成一团。"怎么，不好吃吗？"母亲在身边问。

"好，好酸啊。"悉梅龇牙咧嘴。

"酸也要吃下去，"姐平静地接道，"这是当地人的福果，第一次吃都可以许下一个愿望。所以，"她笑得有些狡黠，"悉梅没有愿望吗？"

悉梅思考了一阵，低下头把嘴里酸涩的果子努力咽下去，她向母亲和姐姐看去，眼里闪烁着坚定的光，"等我挣钱了，我要给自己买一辆电瓶车，不用每天来回骑自行车这样辛苦。"

"我有一个朋友叫恩同，我曾经以为他说的话都是对的，他做的任何事都是对的，嗯，我有些崇拜他，我听说他喜欢吃青奈，所以我觉得青奈是甜的，不过以后不会了。"

"再也不会了。"她表情平淡地又重复一遍，望着姐和母亲面面相觑的脸，感觉身上的每一个细胞都放松下来。

终于如释重负。

晚时汽车的回火声依旧嘈杂。悉梅躺在床上，看着车灯照进窗户，明亮的，把整间窄小的屋子填满。"要是台灯有这么亮就好了。"她有点惋惜地想。

开关汽车门声，哆哆嗦嗦的口水流行歌声依次传来。"该走了吧。"她闭紧眼睛想。

最后仍是熟悉的少年的声音，只消片刻，车灯明亮的光芒就从屋子里撤出，让人安心的黑暗转瞬充满这个空间。

汽车下沿，一路缓慢平稳地行驶。车灯照耀出一片明亮的路面，向前努力延伸着，最终消失在浓重的黑暗里。

车头掉转方向，逐渐远离了悉梅的世界。

夏了夏天

文/林梦楠

1

有生之年，狭路相逢。

终不能幸免。

2

2009年的夏天，我因为中考时数学的稳定发挥，保持了三年"止步及格线"的记录……没能考上县一中。讨论之后，家里决定砸钱让我进县一中当"后排垃圾"择校生，这对我来说未尝不是一件好事。如你所料，之后的我挣扎于水深火热之中恨不得吃下所有数学参考书来谢罪。

被禁止了一切娱乐项目的我只好抱着小手机在县一中的校友QQ群里大吐苦水，也就是在这里认识了潘真真。一番插科打诨之后，我们都认定了彼此就是上辈子互相爱护的素贞与小青。由于亲密度超过了玉帝和王母，所以上天惩罚我们直至今日才能相见。潘真真羞涩地说，好浪漫好浪漫呀。于是我们俩奉天承运，掏心掏肺地告诉对方走散这些年独自一人在世间的颠沛流离之苦，一点都不敢辜负了天公的美意。一直侃到得知原来对方是小学初中的校友，俩人都拍着键盘大呼缘分，同时也抱怨命运的捉弄。

在我知道潘真真是个可以喝两大英雄杯啤酒的75A平胸女之后，我们都不满足于只是在网络上交流。于是我正儿八经地在日历上挑了一个"宜远行"的黄道吉日，决定正式见面。见面之前，我特地花重金拾掇了一下头发，可不能亏待了潘真真。

我一直记得那个太阳公公鞠躬尽瘁的日子，一路上我一直撩着贴在脸上的头发想让它凉快一下，怎么能这样狼狈地见她呢！说好不许带人，可潘真真那个傻妞子还是带了两同学，远远地就看到她捂着嘴扭来扭去得瑟地傻笑，我跑过去跟她说聪明头毁了（我每次剪头发根据满意度划分为聪明头和傻瓜头），她递给我一杯奶茶，特豪迈地说没事！我就喜欢你是傻瓜头！于是我认定，潘真真就是那个能够与我肝胆相照共创千秋大业的人。潘真真说，不对，还有一个人。我点点头说，那我等她。

潘真真已经高三，必须加倍使劲儿，我们能接触的时间仅限于每天放学后和她结伴回家这么一会儿。快下课的时候，潘真真发信息来说，等会儿带你见一个人，你肯定喜欢。我想，还有谁能像你这样让我这么这么地喜欢啊。

我站在黄潇潇跟前，潘真真因为家里有事先走了。如果以"第一次见面"作为背景，那么应该带着害羞、尴尬、无聊、不知所措这样的修饰，无论哪一个都不是好事。而黄潇潇站在女厕所门口大方地给我剥了一个草莓糖之后，我们便侃着我不懂事的曾经。一路哈哈哈、嘿嘿嘿，所以我知道，她就是潘真真说的那个人。

我们看《火影忍者》的时候，鸣人一用"后宫术"，黄潇潇就瞟我和潘真真，指着电脑说，这个好这个好！然后再倒退重看一遍，我和潘真真都对此表示无奈……经常有人问她们我是谁，她们相视一笑说，这是爱妃！

万恶的高三压得她们喘不过气，偶尔晚自习会收到信息，去操场走走吧。于是我猫着腰从后门偷跑出来，到县城中心买三杯奶茶再走回来，没有人说话，她们叹一口气回去上自习，我让同学把书包拿下来，独自回家。她们还要再过一个小时才放学，每每这时候我都恨自己没早生三年，不能陪她们一起面对这般那般的不安和艰辛。

我什么也做不了。

与她们见面已经成为我生活中最大的乐趣，我发现自己变得挑剔，总爱拿他们与她们比较，可谁都不如她们好，我已经不知道该怎么与除她们之外的人相处。迁就敷衍假面我不屑，那样勾心斗角不纯粹的友谊我鄙视。于是我开始害怕，害怕她们终有一天就此远去，手背向里，手心向我。

有时候我与她们其中一人到熟悉的小店吃点心，老板娘都会问起，还有一个呢。你看，全世界都认为我们仨待在一块儿是天经地义。

2010年的夏天已经过去，她们已经捏着各自的录取通知书准备出发。我因为身体不好休学半年，记得有一次从外地回来，她们逃了半天的课和我去唱歌，我们撸着鼻涕唱《一生有你》。傍晚一起去逛街，买了同款的内衣内裤，还有十块钱三双的袜子，揣在口袋里美滋滋的。经过彩票站的时候，黄潇潇买了一张，我说要是中了那几百万怎么花？黄潇潇说得豪情万丈，那就包养你们以及你们的家属！我一点都不质疑。

雨过天晴，路面上的水迹在迅速蒸发。空气中的水分子穿过微尘，越过枝丫，一齐覆向天空。我紧紧握着她们还带些暖意的手散步在街头，小声计划着我们的未来。有一所大房子，像电视剧《奋斗》里的"心碎乌托邦"那样，带着自己已经成了的家，或者是还在寻找完美另一半的梦想一起生活。要有一部小小的车，能装下我们沉甸甸的友情。要在每一天暮色刚刚化散的时候，看到彼此纯净温柔的容颜。

晚上，黄潇潇回家，我没地儿吃饭，潘真真便把我带回家。她踩着小二轮载着我在一片灿烂的灯海里穿梭。如一尾游鱼般在车辆川流不息的吊桥上轻车熟路。我抓着车座的把手，把脸藏在她身后，出乎意料地没有寒冷，没有喧嚣，我只听见风温柔地在我耳边游走。被黑暗吞没的世界在身后重新显现出柔和的轮廓。我不由自主地轻声和："black，black，heart…sent给你我的心……"潘真真随着我的步调紧跟其后："计划是分开旅行啊……"惹得行人纷纷侧目。

潘真真说："不如我们对着行人唱，我们是共产主义接班人——"气势如虹啊。只是到后来每每要开口的时候，我们俩都笑到不能自己，边上的路人甲乙丙兴许都觉着这俩孩子不正常吧。然而我们沉溺在自己的幸福温暖中无法自拔。我对潘真真说，我感觉相比黄潇潇咱们俩还是稍微亲一些。潘真真说，不是的，你知道吧。你生病的时候黄潇潇一直拉我去看你，可是我们联系不到你，她都着急疯了。后来你休学了，高二的一个女生说你坏话，黄潇潇放学故意往她们班的方向走，看到她的时候，字正腔圆地骂了句："婊子。"我们都被吓到。你看你看，我们便是这样的要好，而我却不知好歹。

我想，年龄、流言、猜疑等等在强大的友情面前根本就不算什么。我们遇见的是唯一的同类，你们不是在听到对方在马路上轻声和着"sent

给你我的心⋯⋯"的时候说："你脑子有问题啊"的人，你紧跟其后的："计划是分开旅行啊⋯⋯"我不是在听到对方说："我们以后要一起生活"的时候说："太遥远了，很假啊"的人，我说好。

你们嘱咐我要好好念书，不可擦亮所有锋芒揭穿种种居心叵测，你们不在身边，我必须学会处世为人。我猛地惊醒，原来，我在你们的庇护下，已经失去了与人相持之心。倒不如这么说，我和潘真真一直都被黄潇潇挡在身后小打小闹。

闭上眼看，你是黑色的纯外套，你是红色。没有预见的出现，没有理由的给予我大朵大朵的温暖，让我有了想要重新奔跑跟微笑的勇气。用一见钟情来形容不为过吧，左手的食指一笔一画地在右手上书写，你们的姓名就这样安静地躺在我的生命线上。你们便是我想要相亲相爱一辈子的人。

生长在大理石面上交错的纹路同生命线一般历历清晰，不放过一丝一毫，即使是纤细的末端，也都蔓延得分明。所有的我都记得，如果非要有个因为，那么是因为

——你们美丽了我生命。

梦想照进现实

文/马盼盼

（一）

今天是腊八，据说是冬天最冷的一天。我起了个大早，煮了一锅粥，粥里有花生、红枣和葡萄干，这些都是美容养颜的东西。

小T躺在棺材里面，不知道睡了多少天了。我盛了碗粥放在她的枕边，我想也许下一秒她就会醒来。当然也许醒来后她只是翻个身，就又睡着了。

我给自己也盛了一碗，坐在灶台前慢慢地喝着。并不是每个人都能在这么冷的天围着灶台喝热粥的，这样一想，我心情好了许多。

心情好的时候我通常会摸出笛子来吹上一曲，可是今天太冷了，我也懒得再吹给自己，吹给风花雪月。这种天气只适合就着灶台的余温，睡上一觉，如果睡不着，回忆回忆过去也蛮不错的。

回忆里的我总是很年轻，年轻的我一直住在诺城。我记得很清楚，是诺城的第七大道。诺城一共有九条大道，九条长河。大道长河纵横交错，从空中看，诺城就像一个又一个小格子拼凑成的大格子。

可是我记不清楚有多少人和我住在同一个格子里了，如果现在让我回到诺城的第七大道走上几遍，我估计一个人也不认识了，他们也不会认识我。不过这也没有什么，我不需要记得那么多的人，尽管他们都曾施舍过我，都是我的救命恩人，可是他们都死了，而且尸骨无存。让我去哪里祭拜呢？或许我应该祭拜我自己，因为他们的死在我看来是由我造成的。从某种意义上来说，我是在代替他们活着。

我唯独不能忘记那个人，那个差一点就变成我的人。是的，只差那么一点点，要不然，此刻坐在灶台前喝粥的人就是他了，而我，恐怕已经变成了孤魂野鬼。

他已经死了，已经变成孤魂野鬼了吗？我不能确定，毕竟离开诺城之后，我和小T就再也没有回去过，也没有见过他。

其实我连他叫什么名字都不知道，人们管他叫季公子，我也跟着那么叫。小T倒是知道他的名字，可是小T恐怕再也不会醒来了。

（二）

我十四岁的时候，流浪到了诺城。因为喜欢第七大道上的柳树，我留了下来。先是在一家包子铺打工，没有工钱，但是可以吃得很饱。这不是我想要的生活，干了一阵子之后，我就去了一家绸缎铺打工，还是没有工钱，但是可以穿得很暖和，这仍旧不是我想要的生活。

最后我到了一家棺材铺当学徒，吃不饱，穿不暖，还常常要被训斥。不过当学徒是件有前途的事儿，学好了手艺，以后就可以自己创业了。尽管打造棺材的手艺并不是我喜欢的，可我还是留了下来。一留就是七年，七年里我看着小T在我身边从一个小姑娘长成一个闭月羞花的大美人，也看着门前的柳树叶落枝枯又逢春。

因为是战争年代，远方在打仗，近处会有土匪偶尔下山烧杀抢劫。所以棺材铺的生意非常好，当然如果不好的话人家也不会招人，我也当不了学徒了。

我需要做的工作就是站在某个师傅跟前看着，他吩咐我做什么我就做什么。端茶倒水擦汗递工具，日复一日。后来他们发现我会吹笛子，偶尔也会叫我吹曲子给他们听，都是些艳俗的调调，我很讨厌，但无能为力。

小T是掌柜的女儿，比我小两岁，掌柜已经给她预备好了很多口棺材。那时候有钱的人家，生下孩子就会先订做一口小棺材，随着年龄的增长，再不断地订做更大更合适的棺材。除了棺材有升官发财这一美好寄托之外，更现实的意义是，在这个年代，人随时可能会死，谁也不想曝尸荒野。

除了给自己准备之外，棺材也是礼品中很重要的一项。很多官员都喜欢把金银珠宝装在棺材里送给自己的上司。

这些都是有钱人的事儿。穷人只能想想，那时候很多人最期待的礼物就是棺材。我也不例外，我想，如果有一天我学会做棺材了，就先给自己做一口。躺在自己做的棺材里，睡得踏实。

我第一次见到小T，就是掌柜在给她做第八口棺材的时候。掌柜每年都要给他这唯一的女儿做一口，到第八口的时候，她主动提出要到现场挑选。挑选她喜欢的木材，还有花纹和颜色。

当时我正在给师傅们吹笛，本来吹的是下流曲子，见到她之后，我赶紧换了，吹了一曲当时最著名的乐人一首新曲。我喜欢她，她和我见到的所有小姑娘都不一样，她睫毛很长，眼睛像猫一样。虽然他自始至终都没有看我一眼，但我知道，她感觉到了我的存在。

我已经在棺材铺待了半年了，已经从小学徒混成了老油条。因为嘴甜，几个师傅也都挺喜欢我的，就等着我再长大点，有了力气，就教我正儿八经地做个木匠。

小T直到挑完棺材离开之后，我听师傅们说，她已经和城西季千秋家的公子订婚了。我当然不能和富可敌国的季千秋家的公子比，毕竟我现在只是一个小学徒，在所有人眼里我都只是一个混日子的穷小子而已。不过我还是想瞅个机会专门吹一首曲子给她听，亲手做一口棺材给她睡。

小T挑的那口棺材做好之后，我悄悄地爬进去，在她转个身就能看到的地方，刻下了我的名字。我喜欢雕刻，用那种很有力道的秦隶书写我的名字。在我的笛子上，在我喜欢的棺材上，在我的床上，在街边的柳树上。

第七大道的柳树一棵挨着一棵，如果你身手足够敏捷，可以不下树，走上几条街。遇到土匪抢劫的时候，我就坐在树上，看着街尽头的季家大院，心想要是土匪一狠心把他们家抢光了，季公子和小T的婚约大概就可以解除了。

可惜每一次，土匪都只是在季家吃顿饭，到隔壁有钱的人家抢一点儿就走了，好像季家跟土匪有交情或者住着比土匪更厉害的人一样。

（三）

灶台已经完全冰冷了，我到外面捡了几根树枝，重新升起火来，透过火光，我好像又看到了小T的笑脸，透过火光，我的过去变得模糊。我不知道我把我的经历以这样模糊的方式说出来，有没有人能懂。

从来没有人试图去了解我，包括我最喜欢的姑娘小T，她喜欢的是季公子，到死都是。有时候我会忍不住想，我守着她的尸体其实没有多大意义。我应该回到家中去，回到我那权倾天下的父亲身边，在他老去之时，接管他的一切。

众人已经给我安排好了一切，为什么我要逃出来寻求自己想要的生活呢？我追求的一切，最后都变成了虚无缥缈的东西。就像一场梦一样，梦醒后，依旧无路可走，甚至渐渐地，连自己想要的生活是什么都忘记了。

其实我还算年轻，还可以策马扬鞭打出一片江山。只是我的心老了，而且我追求的从来就不是江山万里和美女如云。我只是不想过父母安排好的生活而已，仅此而已，为什么就如此艰难。

（四）

我到诺城的第三年，小T要出嫁了。比原来定的婚期提前了一年，也许是担心战乱和土匪的缘故。可是担心什么就来什么，在婚礼还没有准备好的时候，邻国的军队，已经攻到了城下。

掌柜安排我和另外一名家丁一块保护小T，日夜不离。其他的男人都在城墙上准备一场恶战。诺城从来就没有驻守过军队，每逢战乱，就只能全民御敌。好在诺城是一座易攻难守的城池，就是打下来，也随时会被抢了去，所以一直以来，也没有太大的军队来骚扰。这次不知道为什么，竟来了如此大的一支部队。

我听往城墙送武器和饭菜的妇女们说，季千秋派家丁去山上请土匪来帮忙，那伙土匪里有个头目是季家的亲戚。却没想到那家丁出了城就被人擒了去，几个时辰之后被打成残废送了回来。

据那个被打残的家丁说，这支军队此次围城的目的是在找一个人，那个人是本国的王子。邻国要用这个王子去换本国的二十座城。

可是从来没有人见过有王子来过诺城，诺城里没有人见过那个离家出走的王子长什么模样。诺城里根本就没有王子，临国是故意来刁难诺城的百姓的吧。很多人都这样想。

城被围的第三天，临国的军队派人说，如果再不交出王子，他们就开始攻城。这时候有个去过王宫的人说，可以拿公子来顶替王子。季公子就和宫中的一位王子长得十分相似。

这话传到了小T的耳朵里，她要我们带她去见季公子，她怕再不去见，就永远也见不到了。可是我怎么能带自己心爱的姑娘去会她的情郎呢？无论如何我都不能答应的。

也许是心有灵犀吧，在小T想见季公子的时候，季公子主动来了。他身高九尺，星目剑眉，再加上一身锦衣，一把宝剑，确实是一个难得一见的好儿郎；可是他长得并不像我啊，倒有些像曾经侍奉过我的一个卫士。

我带他去见了小T，反正他恐怕也活不了多久了。远远地已经听到了攻城的声音，大概只有一炷香的时间，他就要去赴死，不但他要死，满城的人都要死。我了解此次攻城的那个将领的性格，他不允许任何人欺骗他。就像我曾经因为他欺骗我而砍掉了他一条手臂一样，季公子的双手都会被他砍掉吧。

我竟然并不感到伤悲，好像我从来都没有对任何人产生过感情一样。我最初流浪到诺城时那些施舍我的人，那些收留我的人，此刻好像全都变成了陌生人，变成了罪人。

（五）

城将破之时，季公子被当成王子送出。小T在房内自缢。我带着小T的尸体躲进了一口棺材里。本以为大火会烧毁一切，从此所有的理想和利益都会完结，却没有想到，整座城的人都死了，所有能够燃烧的东西都化成了灰烬，而我却依旧活着。

我带着小T离开了诺城，在两座大山之间修了所房子，这里除了我之外再没有其他活着的人。我的梦想从此再也不会连累到任何人。

等下一个天亮

文/王天宁

我低头看手里的杂牌Mp4，好久前下载的视频，不知第几次播放。似乎连这个小破机器都受不了乏味枯燥的工作，画面一帧一帧，不停定格——我也因此看得更清楚。他狭长的眉毛，他海蓝色的眼睛，唱到动情处嘴角细小的皱褶。他站在灯光中央，高举双臂，迎合台下海浪般翻涌的欢呼，用稚气未脱的声音呐喊："Yeah, I love China!"

这是Darrel来中国开演唱会的现场，网友小A用手机把全程拍摄下来。在Darrel论坛的视频区，招摇地标榜出"和小D的第一次亲密接触"。

"他碰了我的手，我的手！"小A在视频框下注释着，后面加了一串惊叹号。

画面有些晃动。歌迷的尖叫，充斥歌曲的前奏，和Darrel轻声说出"Thank you"之后，长长的时间。

画面又晃了几下，Darrel看向这边，便晃得更厉害。

屏幕暗下来，四处归于安静。我叹声气，把播放器和耳机胡乱叠折在一起，塞进裤子的口袋里。

太阳未落尽，晚霞被渲染成漫长寂静的深红色。茶楼的灯都已大开，辉煌的光芒，让木招牌上"深原茶楼"四个古香古色的字显得稀落很多。顺着茶楼周围的铁栅栏，爬下成片软趴趴的绿色藤蔓，像围墙密密包裹住茶楼。却依然能感到从外面倾泻进来，污浊的空气。

深原茶楼坐落在这座城市很有名的公园里。逐渐有客人进来，坐定后用小指扣桌面，招呼服务生上茶。

阿Z走向这边，拍拍我的肩："愣着干吗，快招呼客人啊。"

泛
90
第十三届新概念获奖者翘楚新作精华
B
卷

"哦。"我应着。拖沓着步子给客人倒茶、上茶点。心里却不安宁，有几次走神，把茶水倒在外面，慌手慌脚地擦桌子，给客人道歉。

"我来吧，我来吧。"阿Z从我手里接过壶，陪着笑给客人上茶具。我束手束脚地站在一旁，用手紧捏衬衫下摆的衣角。

画面晃得很厉害。Darrel看过来，似乎咧开嘴角。耀眼的白牙齿。光束被切成一段一段，投向这边，散发出丝样的质感。

周围蓦然腾空的巨大尖叫。人群使劲向前挤。一只手出现在屏幕里，微微张着，伸向Darrel。

我紧紧闭上眼睛。

送走最后一批客人，已接近午夜。

茶楼前的喷泉已停止喷涌，大理石砌成外围，鱼儿换气时，留在水面上一个个细小的水泡。

"你有心事吗？你今天状态可不太好。"阿Z坐在喷泉旁，望着我。

"没……没有啊。"我敷衍地应付他，把眼侧过去，越过他的头顶，看向喷泉。

他揉揉头发，用发胶撑起来的造型被弄得一团糟。"八成是Darrel，"他轻声说，拉着我的手把我拉到眼前，"你啊，迷恋他到这个程度，这可不好。"

我不说话，沉默了一阵。夏末乍起的风，已有了凉意。我缩紧身体。

"开学后不常来了是吧。"阿Z转换话题，笑起来。我便跟着他一起笑。有些不知所措，望着面前的喷泉，浮在水上的月亮。

过了一会，他从口袋里掏出一块包装完好的桂花糕，放进我手心。

——忙一晚上了，快吃吧。

这是假期的最后一天。知了发出最后几声虚弱的喊叫，有声嘶力竭的意味，夜又归于沉寂。我带着一身汗渍回家，倒在床上，呼吸快要把我掩埋了。半梦半醒间又挣扎着爬起来，收拾明天入学要带的物品。巨大的行李箱，乱七八糟堆满衣服。我在床褥下翻出Darrel的照片，塞进钱包里。

爸妈常年不在家，我很小就学会照顾自己。所谓"照顾"，不过是凭借桶装方便面和Darrel度日。我所担心的，只是从明天开始，在禁锢的寄宿制学校里，无法时刻关注Darrel的动向和去茶楼打工。

后半夜才睡着，因为一个凌乱的梦不得安宁。转天很早被闹钟吵醒，顶着乱蓬蓬的头发，拖着一堆行李，转乘好几辆公车去学校。

双眼一直浮肿，揉搓时能挤出泪来。公车拐弯时，我紧紧攥住行李箱的长把手，在拥挤的人堆里尽量保持平衡。却总是不小心碰到别人，低头忍受白眼，小声道歉。影子在阳光下不停变换长度

——在昨晚凌乱的梦里，Darrel打开了伸向他的那只手。

日子恢复了本来面目，生活继续变得波澜不惊。

教学楼搬到食堂旁边。班主任喜滋滋地说现在离食堂近了，可方便你们了。言下之意是："你们除了吃饭睡觉，都给我待在教室里学习。"

与寝室室友的关系一直没有好转。每天晚上他们用被子蒙住身体，趴在床上学习。因为怕舍管员的训斥，哪怕从被子的罅隙里泻出一点光，也会互相小声提醒。而那时我平躺在床上，耳机里盘旋的全是Darrel的歌声，陷入长长短短的梦境。

我觉得自己和他们不一样。

不得不忍受宿舍里跑鞋浓重的臭味。忍受每天晨练时绕教学楼长跑，同班同学因为厌烦，在队伍里用方言响亮地叫骂。

与此同时我开始想念深原，想念阿Z，想念假期每一个打工的日子。然而每夜我藏在被子里，调出手机通讯录里阿Z的号码，盯着白花花的屏幕很久，一直到眼生疼，却不知该编辑什么短信给他。

开学半个月后的周六，熄灯后我偷偷溜出校门，去灯光明亮的深原。

还是老路，幽径。公园的植物营造出与夜色相融合的深沉环境。我看到覆盖如墙的绿色藤蔓，深原的光隐隐约约透过来。

我熟门熟路地收拾茶具，清洗茶垢。阿Z见我没显露一点惊讶，还是轻轻拍我的肩，口角淡淡地说："你来了。"

那夜忙到很晚。等服务生都走光，阿Z关闭深原所有的灯，和我坐在喷泉旁。

"如果有时间，还是来帮帮忙吧。"他对我说，"工资的事，我会和我爸谈妥的。"

我点点头。在黑暗里，不知他能不能看见。深原这座楼，忽然显得格外巨大。没有白天的喧嚣，它露出安静的轮廓。

因为有了寄托，每一天不再那么漫长。

每个周六的夜晚都会翻墙出校门。若不去深原打工，就到学校周围的网吧，尽一切可能搜寻Darrel的信息。或趴在屏幕前，整晚整晚看他的视频。

小A上传的那个视频点击率一直很高。美中不足的是在Darrel看向这边，离镜头很近的时候，画面晃动得厉害，而且忽然就戛然而止了。

网友纷纷留言，责怪为什么停止。但小A一直不予回应。时间一久，人们关注的热点又转去到Darrel的外形、唱功上了。

夏末的最后一场雨过去，所有的知了都销声匿迹。偶尔听见蛐蛐的鸣叫，夜晚时，听来像是模糊的呓语。

穿上厚衣的第二天去深原帮忙。一客人冒冒失失地把我手里的壶碰撒了，茶水大半都溅在我胳膊上。阿Z急忙把我的外套拽下来，把我拖到水池旁，用自来水冲洗。我龇牙咧嘴地说没事，尽量做出笑的表情。被烫的地方露出鲜红色。我半边身子都湿了，狼狈地打着哆嗦。

他居然笑了。我皱一皱眉，问他你笑什么。

"我一直奇怪，"他说，"你又不缺钱，来打工遭这份罪干吗？"

"谁说我不缺钱，"我接过毛巾擦胳膊，抬眼看他，顿一顿又说："我要攒钱去英国看Darrel的演唱会。"

隔几天我在学校收到阿Z快递的包裹。

"这是我托朋友从英国寄过来的。"他写。

我拆开，是一本很厚的时尚杂志，每一页都是极富质感的铜版纸。长篇累牍的英文，搭配Darrel扎眼的写真。依然是海蓝色的眼睛，狭长的眉毛，笑起来嘴角的皱褶很迷人。

我趴在床上用电子词典把蹩脚的英文逐个翻译过来。睡在靠窗位置，窗户一直大开。秋天略带寒意的风卷进屋子，始终懒得去关。

用了很长时间，看到周身发冷。我确定一个事实：Darrel要退出歌坛，在自己家乡举办最后一场演唱会。

我不止一次登上学校的教学楼，俯瞰我身处的这个世界。

学校形状是规规矩矩的四方形，用巨大石块砌成的围墙，阻断与外界的联系。教学楼前辟出一大块空地，据说将用来修广场。褐黄色的土地，像老年人的秃斑。

空地一角堆满垃圾。风吹来时，随黄土大面积扩散。

唯一的几簇树木，在风里瑟瑟发抖，很快被沙土和垃圾覆盖。

生命在这种压抑的方式下苟延残喘。

最近去深原的时候，阿Z给了我一封信。他把我拉到角落里，神秘兮兮地说："你们学校有没有这样一个女生？"他向我描述女生的长相、穿着，我大略知道了是谁。是隔壁班很显眼的女生。

"把信给她，"他的呼吸有点急促，"那女生住在我家附近。看校徽知道你们是一个学校的。把信给她行吗？"

我看看手里的信。信封是很浅的粉红色，隐约能看出心的形状。我明白这是什么。

回学校后，用手电筒照信封。想撑开信封的纤维看清里面的字。明明知道是什么却不敢承认，明明……

我想起学校里那几棵树，生命只是在苟延残喘，空虚和无力感占据满我的身体。

——我想去英国。

——我要去看Darrel最后一场演唱会。

不管怎样，我决定要离开了。

拜托同学把信交给隔壁班的女生。他们接过信时用奇怪的表情看我，发出阴阳怪调的声音："看不出来啊，你……"

"这是我哥哥的。"我不耐烦地打断他们。从钱包里拿出Darrel的照片摆弄。

从阿Z给我信后，我增加了去深原的次数，有时上课日的晚上也偷偷溜出去。我不知道自己究竟为了什么。

无限接近一个巨大的事实，却惊愕得不敢开口。

或者去网吧，努力撑着眼皮，通宵看Darrel的视频。有时趴在屏幕前睡觉了，醒后满嘴苦涩的味道。全身沾满香烟浓重的臭味，我跟跟跄跄地从椅子上站起来，烟味直往鼻子里钻，我忍不住皱紧眉头。

或许是我太没节制，在课上不停睡觉，眼圈周围扩散的黑色日益剧增。也可能是寝室里某个人告了密。我从网吧归来的途中被班主任截住了。

他在我面前，叉着腰："叫你家长来吧。"

我说我爸妈在外地，来不了。

"那你有监护人吗？"他拉开椅子，坐下。用手指击桌面，明显看出不耐烦。

一瞬间我想起了阿Z。

我称阿Z为哥哥。他低着头忍受完班主任的训斥，去寝室帮我收拾好东西。按学校规定，擅自外出要停课半月。

他用手握住我的小臂，拖着我的行李箱在前面走。

"你没有告诉我，你每次来深原都是从学校逃出来的。"他低下头，"你应该告诉我。"

我张张嘴，不知该对他说什么。秋天的风鼓满他的衣服。他瘦削的身体，他在夕阳下欣长的影子。我摇摇头，无边的悲伤笼罩着我。

我的脾气开始变得反复无常。在家里的时间，奉献给无尽的恍惚和睡眠。偶尔清醒，把耳机围在脖子上。Darrel的新歌，一遍又一遍听。

树叶一层层往下落，踩上去嘎吱嘎吱。秋末时节，很适合胡思乱想。思想太轻，在深原、阿Z和Darrel之间晃来晃去。

天光变暗后踏上去深原的路。因为变冷，客人逐渐稀落下来。有时灯光漫溢到四处，屋里只有寥寥的人。

"这是淡季啊。"阿Z对我说，不知是自我安慰还是什么。他偶尔也会向我问起Darrel，他没有我的痴迷，大约连他的歌名都叫不全。阿Z的疑惑只是我对他死守的坚定。可这奇怪的情感连我自己也说不清。

阿Z一直帮我计算日子，计算我离回校的时间。"很快了，"一个黄昏他笑着对我说，"你啊，还是回学校好。你适合那里的生活。"

我不置可否。然而也是在那天，我因为一点小事差点和客人吵起来。自己一直很谦卑，尽量满足那桌客人的要求。然而他们一直不中意环境，屡次要求换桌，嫌弃这不干净、那没收拾好。我把茶壶摔在桌上："到底要怎样你们他妈的才满意。"

那帮男人呼啦一下全站起来。阿Z赶紧跑过来，小声说着："几位叔叔有话好好说，这是新来的，不懂事。"他陪着笑，把我推到一边。我抬眼向外望去，喷泉粼粼的水面，开始结冰了。

这种事往后又发生几次。我不知怎么了。身体的内核仿佛在燃烧，手脚却一直很冰凉，凉到我拿起茶杯，手就会发抖。

在我离回校还有两天时，茶楼里来了一大群女生。给别桌客人倒茶时，听到她们隐隐约约的叫骂。我回过身，看那帮女生把阿Z围起来。

"你别不要脸了。""你给我们家小清写什么信呐，你不看看自己的这副样子。""算什么东西啊。"

类似的骂声从人堆里传过来。茶楼的人纷纷起身，看出了什么事。我隐约知道发生什么，攥着脏乎乎的衣角，手抖得更厉害。

好久女生散去，阿Z一直站在原地。他没与她们争吵，只是默默忍受。

"阿Z……"我走到他身边，轻声轻气地叫他。

"好了，你别说了。"他抬起双手，苦涩的笑容蔓延开来。

"这个样子，叫我不知如何是好了……"

天气越来越冷，简陋的宿舍像冰窖一样。每晚都被冻醒，摸着冰凉的鼻尖，窗户被蒙上大片水汽。外面的灯光透进来，似乎下了一场雾。

我买了暖水袋。只是下半夜暖水袋也会变凉。因为太冷，睁着双眼一直到天亮，怎么也睡不着。

我托网友替我查了去英国看Darrel演唱会的价钱。在上课时接到短信，我低头看到屏幕上一连串的零，又摸摸自己的钱包，信用卡里有阿Z刚给我打上的工资。

忽然感觉自己很可笑。以至于在上课时笑出声音，把老师同学的目光都招致过来。冬天干燥的嘴唇，一笑就会撕裂。我伸出舌头，把腥甜的血舔进嘴里，轻轻咽下去。

那夜我做了个梦。梦里站在灯光舞台上唱歌的不是Darrel，是阿Z。他没有狭长的眉毛，没有海蓝色的眼睛，没有笑起来迷人的皱褶。

但他有温暖的笑。他迎着台下的万般宠爱唯独注视着我。对视了一刻，是非常美好，非常安静，想起来叫人想落泪的一刻。

醒后枕头上一片潮湿。水袋不知怎么破了，水泻在胸膛上。冬天里裸露在外面的皮肤似乎要结上霜。

我把身子侧过去，怔怔地面向墙。咬紧牙，眼泪还是落了下来。

演唱会开始的前三天，我在网上通过一切关系联系到小A。我只是在困惑，那个忽然熄灭的镜头。

起初他不肯说，支支吾吾地应付我，屏幕上满是成串的省略号。后来被我逼烦了，他给我发来信息："好吧，我告诉你，我想给Darrel握手的，但他不知为什么，一下子把我的手打开了。我说，别再喜欢这些乱七八糟的明星了。咱们啊，还是现实一点吧。"

我迎着电脑的屏光掏出Darrel的照片，忽然感到陌生且遥远。

那一刻觉得，和阿Z一比，你Darrel算个屁啊。

"对不起，"我给阿Z发送短信，"对不起。"屏幕上只有这几个字。

一会儿手机亮起来："天亮后来深原吧。我等着你。"

我起身，窗外冬天的夜空晴朗且干燥。想起了一首好听的歌，却不是Darrel的。我闭上眼睛，接着小声唱起来。

阿Z，我看到你对我招手。你的身后是一整个被风吹拂，几欲倾斜过来的巨大草原。

大风吹过，繁星欲坠。

第五辑　追云的风

暮色
心已远
小镇生活
夜哭妖精的曼舞

暮 色

文/王永强

　　我叫封尘，生活在四川东部一个叫做樱庭的小镇上。我的父母在沿海的城市打工，长年未归。我和奶奶住在乡下，周围是竹林。奶奶总是坐在门前缝缝补补，好像家里总有补不完的东西，她很久很久也不说一句话，不像别人家的奶奶有说不完的故事。别人说晚上的星星很美，我很想看但奶奶很早就睡了，我不敢一个人看。只有夏日的黄昏，天还没有黑尽而星星已经出来时，我才能匆匆看上一眼。

1

　　我在收拾旧东西时发现了上面这句话。纸张已经发黄，而且很脆，字迹还算工整。我拿着这个本子，想不起是什么时候写的，大概是十多年前——也就是我十岁左右的时候。

　　我今年大三，在北方一所二流的大学里读中文系，日子浑浑噩噩，前途迷离未卜。

　　奶奶在今年春天过世，那时我正忙着想怎么才能过英语四级。几个叔婶打电话给我爸妈，然后他们瞒着我把丧事给办了。学期结束，他们才打电话告诉我，让我回去收拾一些要保留的东西。他们打算将那间已经没有用的小房子卖掉。我急忙推了和几个朋友约好的西藏之行，坐火车回家。路上无论如何不能入睡。

　　下火车后又转了几次车，才终于又回到了樱庭镇。爸妈已经回了那座沿海城市打工，叔婶们也都商量着离了家乡去打工。那间小房子说是已经卖给了别人，只等着我收拾完东西。最后一段路只能靠步行，我累得气喘

泛
90
第十三届新概念获奖者翘楚新作精华
B
卷

吁吁。我记得小时候上学放学都是走这条路，一路上几乎都是蹦过去的。

到家门口，新的房主正在清扫庭院，看到我，说："哟，回来啦。"然后搬出张凳子让我坐。他慢慢地讲着奶奶的丧事，有时候还加上一些手势。而我无心于此。他似乎也慢慢察觉了，停止说话，尴尬地看着我。又过了一会儿，他说："是先去你奶奶的坟前还是先收拾东西？"这话在我听来就是：你什么时候滚蛋？

我说先收拾东西吧。他领我进屋，屋内原先是很暗的，只有一根十五瓦的日光灯——就是很早以前比筷子大不了多少的那种。现在装了很亮的白炽灯，一时间让我搞不清楚自己在哪里。一些没有用的家具还在，包括一个破的衣柜，两张坏掉的小凳子，一口红色的旧木箱，两张已经被虫蚀掉的床——已经拆散了，还剩骨架。房间里显得空荡，虽然它非常狭小。新房主在旁边一直说着别的东西已经被我的父母叔婶们拿走了，这些东西他没有动过之类的话。

我打开那只红色的旧木箱，里面装的是我以前的一些东西。我把几本日记本装进手提袋里，环视一下这间屋子。房梁上的蛛网被尘埃附着，黑乎乎地从房顶上垂下来；墙的颜色很模糊，贴了墙纸的那面墙倒是干净，只可惜已被虫子蛀出很多小洞；地是潮的，凹凸不平。

我提着东西走出来，外面的阳光忽然刺眼起来。新房主跟了出来，疑惑地问："你就拿这些？"我说对啊就拿这些。他接着说："我真没动……"我说我知道，这里总共就这些东西。他怔了一瞬，然后慢慢地说："其实我买这房子也是为了养老，我自己的那套房子要留给儿子儿媳住。当初盖的时候咋就没想到要盖大一点呢……"

十点钟的阳光像瀑布一样泄下来，将空气中的水分加热升高。竹叶被风摇着，地上的碎影变成黑白电视机的雪花片。我随着这个老人在林间小道上走着，去我奶奶的坟前。

2

午后的阳光依旧猛烈，或者说更加猛烈。我回到小镇上，打算去吃碗面。

小镇和我几年前离开的时候相比变化挺大，街道整修过，多了一个正规的农贸市场和几栋七层高的住宅楼。连学校也多了一个教职工食堂。我也不知怎的，自己就转悠进了这所学校。高中的学生还在补课，为了一张薄纸耗尽青春。我站在这里，再也感觉不到当年的压抑。

我觉得没有意思，又从学校里出来，找进当年常去吃的一家面馆。我记得以前总是我们几个人冲在人流的前面，用假的通校生证件骗过大胡子然后窜进面馆。通常我会吃牛肉面而他们会吃饺子，因为他们觉得饺子里有肉更划算，我说，屁，我这还是牛肉呢。而他们觉得这不是牛肉而是其他的，比如野猫肉。我说你才吃野猫肉呢。然后几个人莫名其妙地打得一塌糊涂。

我进去的时候面馆已经没有客人了，老板的锅也已经停了火。我说："老板，煮碗牛肉面。"他说没问题，然后开火烧水。我选了双筷子，拿到煮面的锅里烫一下。他准备着汤底，说："你以前是这个学校里的学生吧。"他把头偏向斜对面的学校。我说："对，难不成你还记得我？"他说："不记得，刚看你从里面出来。"我无语。

水开了，他利索地下面条，香气就从锅里溢出来。他熟练地翻着面，待面熟后捞进预先打好底料的碗里，勾一勺牛肉酱，撒一撮葱花。面冒着热气，牛肉酱的香味随之蒸腾上来。

吃完面我打算先去订车票。小镇有三条街，十五分钟就能走完，但这里车票代售点倒不少，都不大正规。我问了两家，票价都有点离谱，估计觉得我是外地来的，好蒙。

我走进第三家的时候看到了老刘。读高中的时候这家伙块头大，一问，大我两岁，所以叫他老刘。那时候和他也不太熟，一个寝室的，就吹吹牛，也没别的交情。按说现在我应该不太记得他了，但他额头上的那道伤疤让我记忆深刻，我记得那是他从上铺滚到地上的结果，还是我把他扶到医院去的。

他抬头看我，刚开口说"你要哪儿……"，马上醒悟过来似的说："哟，林晨！你小子回来啦。"说着他从烟盒里抽支烟递给我，我说我不抽，他说："这是好烟。"我说我真不抽烟的。他尴尬地把烟点上，吸了一口，又说："真不抽。高中那会儿我们几个在寝室里抽烟，你就跑到外面去，说是闻着难受。大家都以为你特装，说不定找个隐蔽点的地方一个人抽好的。"

我边听边走动看着这个小店，顺便躲着他的烟圈。这个小店一分为二，旁边摆着一些杂货百物，一旁摆了一张桌子，用玻璃盖着，透过玻璃可以看见乱七八糟的名片，墙上挂了副地图，铁轨和飞机航线被清晰地标明。我说："你这店怎么样？"

他说："能怎么样？还不是混口饭吃。收入基本靠倒卖车票，这堆百货，说穿了就是自己用能便宜点。"他说着，从柜台上递了瓶绿茶给我。

我接过绿茶，喝了口，说："怎么倒卖？"他掸了一下烟灰，微微皱眉说："你看见这街没？代售车票的就有几家，只有倒卖才能提高利润，混得到饭吃。至于怎么倒卖嘛……"他面露难色。我说我又不干这行我过两天就走。他说："你去哪里？这票兄弟就当卖个人情，不赚你钱。"

"那哪儿行呀，你还得吃饭哪，这店还得付房租呀。"我真不是假客气。

他深吸一口，把烟头灭了，缓缓吐出烟圈，才说："实话不瞒你，也没有那么穷困潦倒。前年一条铁路从咱镇子边上修过——你刚去大学那会儿，然后这个破镇子，慢慢地开始发展，所以才有了这些代售点。"我打断他："等一下，我回来怎么不知道有这条线？我还在成都下的车，转了好几次公交才回来的。"

"也不是什么干线，主要是连接周围几个市的铁路，你回来的时候没有问清楚罢了。至于这房子嘛，"他稍停一下，苦笑，接着说，"是我女朋友家的，年底就结婚。妈的，世道不好混，只能吃软饭了。"

店外进来一个女人，二十来岁，头发做成大卷，吊着耳环，化浓妆。她提着一个手提包和一个塑料袋，边走边说："怎么啦？这饭是不想吃啦？"她的语气里带着笑，似乎并不生气。老刘过去接过塑料袋，拿出两个盒子，然后说："哪儿能啊，吃软饭对胃有好处啊。"

老刘又转过来问我："忘问了，你吃饭了没？"我说吃了。

那个女人从手提包里抽出一叠用夹子夹好的车票递给老刘，说："明天轮到你去了啊。"然后接过老刘递过的盒饭吃了起来。老刘倒是不着急吃，问我："还没说呢，你是去哪儿？"

我说："哈尔滨郊区的大学，车票买到哈尔滨就行了。"

"那么远啊？你应该是我们当中跑得最远的一个了。"他翻出一本小册子。在上面翻翻找找，然后说："要不你住一段时间再走吧，正好我们这楼上还有一间屋子没人住。"他抬起头来，用眼睛问着我。

我不想回学校，反正没事，就同意了。他领我上狭窄的楼梯，楼梯很陡。走到二楼的一个单间，他掏出钥匙开门，屋内比较暗，他摸索了一会儿，开了灯。房间似乎有一段时间没住人了，家具上有一层薄薄的灰。他用抹布简单擦了一下，说："差是差了点，但起码还能住人，对吧？"

我将东西放下，说谢了。他站在一边说："你就先住着吧，可以到处走走逛逛，什么时候要走了再告诉我。不过吃的就得自己想办法了。"他不好意思地笑笑，向楼下指了指。

我说："你先去吃饭吧，都快两点了。"

3

我从包里抽出以前的日记本，简单地擦了擦，看了起来。我的日记写得断断续续，都是些琐事。小时候没什么人陪我说话，我就把想说的话写下来，居然保留到了今天，这点让我自己都惊讶。我的日记写到高中就不再写了。

看完所有日记本已经快五点了，我决定出去走走。下了楼，老刘正伏在桌上睡觉，那个女人不知去了哪儿。走出店门，外面的阳光依旧强烈，斜斜地铺在街上和对面的墙上。我顺着背阴的一面的店铺走。

走完这条街，看到两条并行的铁轨安静地躺着，如老刘所说。我记得这里以前是个鱼塘，周末趁着没人的时候还会约上几个人来这里钓鱼，有一次被抓到，钓竿都被没收了。那时候磊子发誓说要把这塘里的鱼给毒死，不过直到毕业都没有听说这里的鱼被人毒死过。鱼塘旁边还有一棵梧桐树，碰上下雨，折两片大叶子就能回家。

我向四周看，终于在一个简易的候车室旁看到了那棵梧桐树。我走到它下面，抬头看着茂密的枝叶，回忆很多事。磊子第一次向女孩子表白就是在这棵树下，他后来回忆说错就错在选错了地方，正当他要说出关键一句的时候，以前那个没收过我们钓竿的大爷神不知鬼不觉地出现，怒斥道："混蛋小子，又想偷我的鱼是吧？！"一句话把磊子的爱情骂成了历史。我们在寝室里听他描述，一个个笑得几欲撒手西去。

铁路附近修了两排房子，开了一些百货店和一些小饭馆，应该是火车错车的时候会在这里停一小会儿，但这个时候没有火车过，一切都没有生机。我沿着铁路走，想大致弄清楚它的方向。铁路两旁种了杉树，不过没能枝繁叶茂。杂草倒是很茂盛，蔚然成片延伸向遥远的地平线。

我沿着铁路从小镇的一头走到了另一头，这时太阳开始西斜。铁路依旧向远方蔓延，我向前看了看，然后转身进入镇子。

街上的小吃店和饭店生意红火，到处都挤着人头攒动的学生。我置身于这群充满青春气息的中学生里时，突然觉得自己已经垂垂老矣，这种感觉很奇怪，并且无法抵御。我走进一家人相对较少的饭馆，尽管这意味着这里的厨师手艺不行。

点了菜，坐下来，尽量让自己像个中学生一样，不至于被别人简单地判明。我慢慢地吃着饭，听着周围这群青春期的孩子的谈话。有个女生嗓子尖利地说："对了，你知道吗？××喜欢的居然是六班那个唉！"另一个连忙接着说："真的吗？有点太不可思议了吧。"然后是几个女生小声但是夸张的笑声。

几年前似乎也是这个样子，我一个人坐在角落里快快地吃饭，周围的人兴奋地谈论着什么。食物的热气升起来，然后周围的喧嚣和我没有关系。时间过了这么久，这些年轻的孩子的生活状态还是和我们以前一样。

暮色四合，我走在华灯初上的樱庭镇街道，夜风吹走浑浊的热气，还世界一份凉意。我不断想起从前的事，以前，当我还青春的时候，那些断然离去的事情。

我记得每日天未亮时极不情愿地拉开被子，一个冰凉的清晨就那么悄然来临，午休时寂静的阳光，晚自习后清凉的操场以及微弱的灯光，这些曾经那么熟悉的景象，就那么轰然出现在我的脑子里。

我顺着街道走，任凭路灯玩弄我的影子。我又那么走到了街道的交汇口，我曾经的中学。从校门看进去，教学楼的灯整齐地亮着，那旁边的夜色那么浓重，丝毫不退缩。我有些犹豫地走了进去，大胡子只是瞥了我一眼，又用报纸挡在了桌前。很安静，周围只有我一个人，脚步声清晰可闻。

我漫步在依旧是黑色泥土的跑道上，从各种角度，看着我曾经耗费了很多时间的教学楼。下课的时候，有几群学生穿越操场去超市买东西。一路的笑声，消散在风里。

教学楼的天台此刻无比安静，风快速掠过。远处的公路上不停地划过拖着尾巴的车，尾灯静静地划下一条红色的光影，直至消失在看不见的远方。夜凉如水，我仿佛站在潮汐进退的海滩，一阵阵潮浪打过，发丝纠结。

4

我坐在窗前看雨。夏季的阵雨总是来去匆匆，五分钟之前我上楼时还一片祥和，现在已经一片滂沱。闪电划过夜空，然后雷声带着雄壮的力量姗姗来迟。

老刘推门进来，他说，我联系了磊子他们，明天咱们开个同学会。

我说，有多少人能来？明天……你联系得这么急很多人都来不了吧？

老刘说，放心放心，联系的都是附近的，你以为谁都跟你似的往天边跑啊。

他又掏出烟来点上，吸了两口，又说，咱当年毕业的时候都想着要过上好的生活，要有钱，结果呢，现在一个个的都混得半死不活的。

我说，当年？我连当年的梦想都不记得了。

沉默下来。窗外的雨渐渐小了，楼下电视里的声音隐约传上来。老刘说，走，下去看电视去。我说不了我就在这里坐一会儿。

下楼的脚步声响到一半忽然停了下来，然后继续。

手机震动起来，小雪发来短信：

你的事情完了么？如果弄完了就来找我们，我们在拉萨等你。

我不知道应该怎么回复。当初提议去西藏的人是我，现在却是我一个人没有去。我记得小雪欢天喜地地陪我去买相机和帐篷，也记得我说我去不成了的时候她一下子就不开心了。我安慰她说，没关系的，又不是大家都去不成了，你和你的好姐妹们好好玩，还有两个师兄，他们会好好照顾你们的。她说，你不去我也不去了。我说，别这么任性，你们去玩，如果来得及我会去找你们。她说那你一定要来。

夜里我梦回高三，在一大堆书和试卷里苟延残喘，墙上的挂钟叮叮当当，红色的倒计时牌像被血液染过一样，吊扇缓缓地转，发出难听的声音。然后我就醒了，起床喝水，失眠，再也睡不着。世界静得像要死掉一样。

天慢慢亮起来，最后的几颗星星也隐去了。我出去买早餐，挤在一堆学生中间匆匆解决问题。回到小店，老刘和他的女朋友刚起床。

回房，闲着无聊，打手机游戏。俄罗斯方块，很老的一个游戏，不同形状的图形需要拼得适当才能圆满。就像人一样，合适的人在一起相处才能稳定，否则就只能是针尖对麦芒。我是个挺难相处的人，大多数人和我在一起都不会开心，因为我棱角太多。

手机没电了我才想起忘了带备用电池，只好接上充电器充电。

老刘在楼下喊：快下来走了，他们都在等了。我理理头发然后跑下楼去。傍晚的街道铺着金色的光华，阴影斜斜躺着，慢慢伸长。

ＫＴＶ门口等着两个人，抽着烟，四处张望。之中一个就是磊子，另一个只觉得眼熟，却不记得，他挺着个啤酒肚，有些滑稽。老刘指着他对我说，想不到吧，咱班当年老拿倒数前三的林杰现在当了大老板了。我附和着说，有能力的都混得出来，学习好也不见得有用嘛。

林杰笑起来，带着嘴边的两块肥肉跟着抖。他一边说请进一边把我们往里面引。磊子跟在他旁边，恭恭敬敬地听指挥。然后他们一前一后离开房间。老刘小声对我说，林杰现在算发达了，光ＫＴＶ就开了三家，还有像网吧台球室什么的，你也知道，他读书的时候就是个混混儿。不过他这人倒是挺仗义的，很多原来的同学都在给他看场子，磊子算是他的心腹，混得挺不错的。

房间里已经到了十来个人，但我都记不起他们的名字。老刘坐过去跟他们打成一片，我则坐在角落里一个人喝饮料。一个人坐下来，递给我一杯红酒，她说干。何怡萌是我高中时候的同桌，兄弟相称，我常常说好哥们儿那英语作业借我抄一下呗，然后她什么也不说就递给我。

我接过来一口喝掉，像喝纯净水一样。我呛到了，咳嗽一阵，然后对她说，干红呀，你怎么不提醒我一下？她说这是罚你的知道不？

几个老同学围上来一言一语地谈论开了。其中一个说，林晨，你记不记得当年我们吃毕业散伙饭的时候就你一个人没来，今天你得一个个地谢罪，来，先把这杯干了。说着他递过一杯酒来。我有了准备，喝得格外细水长流。几杯酒同时围上来，我接过又一杯喝起来，然后脑袋开始发晕。何怡萌帮我挡酒，她说行了行了，这家伙不经灌，别灌进医院了。人们起哄散开。

我倚在沙发上说谢谢，你真是我的好哥们儿。她说，你别跟我装糊涂，三年前你装，现在你还想装啊，我什么意思你还不明白吗？

我找了点水喝下，然后说，对不起，三年前是我懦弱，但现在我有女朋友了。

她冷笑一下，然后说，我已经等了你三年，难道我会在乎多等三年或者更多年吗？

我说你别那么固执行么？我真的有女朋友了。

她说，我不管你有没有女朋友，我只问你，你爱过我么？

我拿过矿泉水拧开盖子，然后她一把抢过瓶子，说，喝水喝水，看来你一紧张就喝水的习惯还是没有变，跟我说话真的有那么紧张么？

我不再说话，她也沉默。KTV里闹腾着各种声音，我们的角落却异常安静。

　　醒来天已经大亮了，头有点痛。我洗把脸让自己清醒一下，却也只记得一些事。楼下，老刘依然看着电视，他看见我，说，酒量不好就不要喝那么多嘛，昨晚上还是我把你扛回来的，幸亏你小子轻，不然我很可能扛到一半就扔地上了。说完他自己呵呵干笑。

　　我想去外面转转，回楼上拿手机。两条新信息。

　　西藏这里的夜晚好冷，天上云层很薄，满天都是星星。刚参加了篝火晚会，很好玩，想你。你呢，有想我么？——发件人：小雪。

　　请认真给我回复，请认真对待你的还有我的感情，我不相信你从来没有爱过我。不要装傻，你骗不了我。——发件人：1362517××××。

　　我想要回复，却突然什么都不想发了。看着屏幕变暗变黑，才发现自己的无能为力。

　　对了，昨晚上何怡萌要你的号码，我给她了，她的号码是136……老刘的话没说完就被我打断了：她发过短信给我了。

　　那你们的事到底要怎么解决？他脸上不无担忧。我说，还能怎么样，我只希望她快点找到自己的幸福，别在我这棵树上吊死。

　　你好好考虑看，我觉得她是真心喜欢你。

　　我摇了摇头就走了出去，街上人流汹涌，我却不知道自己的方向在哪里。乱逛却又逛到了铁路旁，于是又沿着铁轨走。铁轨也是件奇怪的东西，它把人们送去想去的地方而自己却没有方向，大部分的时间沉默，偶尔喧嚣。

　　野草疯长，它们被遗落在时间的角落里，以生命抵御荒芜，却又制造荒芜。

　　夜里做了个梦，坐火车去不知名的地方，路过大山区，列车停下，我莫名其妙地下车，然后列车开走。周围的野草和树疯狂地生长，迅速地淹没了铁轨，遮天蔽日，最后将我掩埋。我不知道自己是怎样的心境，是难过还是寂寞，是紧张还是淡然。这或许就叫做麻木。

　　我在小镇呆了很多天，每天都是无聊的重复。小雪的短信陆陆续续地发过来，可是我一条也没有回过。

　　我们玩得很开心，师兄也很照顾我们。你什么时候能来呀？我在等你呢。——发件人：小雪。

我产生高原反应了，头好晕，想吐，没有力气。不过你放心，师兄和好姐妹们对我都很照顾，吃了药，好多了。很想你，快点来好不好？——发件人：小雪。

为什么不回我短信？我在你心里真的一点都不重要么？——发件人：小雪。

老刘说明天是何怡萌的生日聚会，你要记得给她买礼物。我说我不去了，礼物你帮我转交吧，还有，你帮我定今天的票，我有事要走了。

他说，你能不能别那么偏呀，有人喜欢你还不好吗？非要搞得大家都不开心你心里才好受是不是？

我说我真的有事要走，你快帮我订票，是去拉萨。他叹了口气然后打电话。

他问我今天下午的行不行？先坐到成都再在成都转车？我说好。

6

我让老刘不要告诉何怡萌我要走的事情，但我上车之后还是收到了她的短信。

好吧，既然你这么不想见我，那就祝我幸福吧，也祝你幸福。——发件人：怡萌。

还有一条，是小雪的。

你知不知道你这个人一向很自私，你不关心我喜欢什么衣服，我跟你说什么你都很冷淡，我告诉你我喜欢你，但是你从来没有说过喜不喜欢我，你根本不把我放在心上，我一直忍着是因为我爱你，但现在我不想忍了。——发件人：小雪。

我给小雪打电话，过了很久才有人接起来，是我叫去的一个师兄，他说，喂。然后电话里传出来杂乱的声音，接着就挂断了。我再打过去，已经关机了。我发疯似的拆开手机取出SIM卡然后向窗外丢去。金属的光泽在夕阳里一闪即逝。我看着暮色中的站台和延伸向夕阳的铁轨，突然就难过起来。夕阳落入群山，暮色凝重。列车带着我的悲伤缓缓行驶，向着更深的夜幕出发。

心已远

文/马盼盼

一

快要放寒假的时候，学校附近新开了一家糖果店，和其他的店不一样，这个店只卖糖果，不掺杂任何其他商品。这和周围卖锅碗瓢盆的文具店以及卖烤红薯的奶茶店一比，简直是鹤立鸡群。

辛远一向是喜欢有个性有追求有品位的东西的，他觉得这个糖果店和自己一样特立独行，不媚俗，不跟风。在店里逛了一圈之后，他决定把半个月的零花钱全用来买糖了。当然，这样干除了支持店主的开店风格之外，主要还是因为辛远是个糖果控。被父母发配到这个小城读书之后，他已经很久没有见到这么多漂亮的糖果堆在一起了。

店主是个二十岁左右的女人，虽然并不比辛远大多少，但是长相上还不能让辛远爱糖及店，爱店及店主。

她可能开店到现在第一次遇到这么豪爽的顾客，给辛远称好糖之后，她又多放了两颗辛远没有选的糖进去，并且说，这种糖最好吃了，别看外表看着一般。

辛远心满意足地拿过糖放进书包往学校走去，身后糖果店的店主长叹了一口气，她心里暗道，如果这样的顾客多一些，也许可以说服爸爸不在糖果店里卖煮花生。虽然她也知道，冬天如果卖热腾腾的煮花生的话，生意肯定会不错。可这毕竟是糖果店啊，不能因为某种东西一时热销，就放弃自己多年的梦想吧。

辛远决定把买来的糖果分成两份，吃一半，留一半等放寒假带回家过年吃。虽然过年的时候妈妈也会买很多糖果，但基本上没几个是辛远爱吃的。

吃过糖果之后，辛远会把包裹糖果的纸留下来，这是他多年的习惯了。小时候为了集齐一百张一样的糖果纸，他不知道偷拿了多少家里的东西跟别的小朋友换。不过那时候也有小朋友拿自己家的东西跟他换糖纸。

一晃多年过去，糖纸这种东西已经没有人喜欢了，和他一起长大的人不会喜欢，连现在的小孩也不会喜欢了，现在的小孩玩具太多了。怎么会喜欢这种只是看起来花花绿绿，不会动不会出声的东西呢？

辛远已经集了满满一箱子糖纸了，他有一个梦想，那就是等到他有自己的房子的时候，就在墙上贴满他喜欢的糖纸。

二

你喜欢吃糖吗？

这是辛远的口头禅，遇到美女或者自己喜欢的人的时候，他都会这么问一句，从这个共同爱好入手，慢慢地再找其他共同爱好。不过这一招在小时候战无不胜，长大后就不行了，很多女生看他手里的糖果都会摇摇头说："不行，吃了这个会长胖的。"

遇到这样的女生，辛远不会劝说，更不会拿瘦弱的自己做例子。他觉得，他要找的，是看重糖果更甚于身材的女生。

不过遇到唐小果之后，辛远就忘记自己的追求了。唐小果也怕吃了糖会长胖，但是辛远还是喜欢她，因为他觉得，唐小果本身就是一颗糖。

第一次遇到唐小果是在操场上，唐小果在看一场篮球赛，也许是球场上有自己喜欢的男生的缘故，唐小果看得特别投入。辛远连着对她说了好几声，你喜欢吃糖吗？都不见回应。

后来辛远就当她默认了，直接把糖往她手里塞，那是辛远最喜欢的酒心糖，外面包着很薄的一层巧克力，第一次吃可能不习惯，吃几个就会停不下来，有一种上瘾的感觉。辛远就是想找一个让自己上瘾，也对自己上瘾的女孩。他觉得唐小果首先在外表上已经达到并超越了自己的要求，看一眼，就停不下来了。

唐小果正看得津津有味，突然被人打断了，心里自然十分不爽。看到对方递过来一颗糖，她更觉得莫名其妙了，但她天生是个凶不起来的人，所以只是迷茫地问，你干吗呀？

你喜欢吃糖吗？

不喜欢。

这种糖特别好吃，送给你吧。

不要，你快走吧。

为什么要快走？

你难道没发现我周围都没有男生吗？你看球场上正在投篮的那个，他是我男朋友，如果让他看到你离我这么近说话，等会儿会很麻烦的。

辛远顺着唐小果的视线往球场上看，一个高大帅气的男生刚刚抛出一个完美的弧线，球稳稳入篮，男生看向这边，似乎看到了辛远，但因为在比赛，他很快就把头转了过去，辛远没有看到他皱起的眉头。

辛远说，没关系的，我只是请你吃一颗糖，没有恶意，他应该可以理解的吧。

可是我根本不认识你的，你为什么要请我吃糖，而且我说了我不喜欢糖。

吃糖可以让心情变得好起来的，我叫辛远，你叫什么，告诉我，我们就算认识了。

你怎么不叫蜡笔小新呀，脸皮这么厚，你再不走，真的就麻烦了。说完，唐小果不再理睬辛远，转过头继续看球赛了。球场上的男生又是一个远投，但是偏了一点，没进。辛远看了一会儿，觉得无聊，就独自走了。

辛远不喜欢看动画片，但蜡笔小新他还是听说过的，只是为什么唐小果会把他和蜡笔小新扯到一起，他想了半天也没想明白，难道是因为他姓辛？为了弄清楚这个问题，最后一节体育课上了一半，他就到校外的网吧下了几集蜡笔小新来看。直到看到蜡笔小新对着美女说：你喜欢吃青椒吗？他才恍然大悟。

三

再遇到辛远的时候，唐小果就直接叫他小辛了，是带着戏谑的那种叫，但辛远听了还是很舒服，这大概就是传说中的贱吧，脸皮厚的男孩有时候是有些贱的。

唐小果比辛远大一岁，他们是同校不同级，一个高二，一个高一。如果硬要找出一个共同点的话，那就是他们都是被父母从D市发配到这个小城读书的，理由都是这个学校升学率高，这个小城淳朴，在这里他们不会受到太多外界的诱惑，可以静心读书。

可是让家长怎么也想不到的是，没有外界的诱惑，他们可以相互诱惑。第二次相遇是在回D市的汽车上。辛远很少回家，如果不是因为放的是寒假，他才懒得回去呢。家里一点也不好玩，父母都是服务行业的工人，不到春节的前一两天，他们是没时间回家陪辛远的。到了春节前一两天，他们更多的也是在陪亲朋好友，辛远觉得自己长大后，就被忽视了。可是他也不能埋怨，现在通货膨胀，父母挣钱不容易，没有时间陪自己，也是可以理解的。

唐小果已经认不出辛远了，她是在辛远低头挑选糖果的时候上车的，看到只有辛远身边的座位空着，她就坐了下来。直到辛远抬起头，看到她，说，你要吃糖吗？她才想起几天前操场上的那一幕。那时候辛远也是穿着这身衣服，也是拿着一把糖。

请乘客们坐好，车要开了。

唐小果刚想站起来，司机就来了这么一句话。于是她咬着牙坐下来，心想赶紧开车也好，要是让男朋友看到自己和这个莫名其妙的男生坐在一起，就真的麻烦了。

可是怕什么来什么，车刚开出几米，就停下来了，一个男生用力地砸着车门。司机没有开门，隔着窗户说，人已经满了，你坐下一班吧。

车上有我的朋友，我们一起的。男生满头大汗，拖着个大背包向司机求情。

那你怎么不早点买票。司机仍旧不为所动。

我买了票了，你打开门让我上去吧，多一个人又不会压坏你的车。我给你双倍的车费。

可是超载了被逮到是要罚款的，那可是几十倍的车费。

在男生和司机的争执声中，唐小果低下了头，她知道车外的人是她的男朋友，他们刚刚吵了一架。她喜欢他的优秀帅气，但实在受不了他的小心眼，有时候逛街有男生多看她一眼，他都要冲上去跟人打一架。现在身边坐着这个像蜡笔小新一样脸皮厚的男生，如果这时候司机开了门，她就真的说不清楚了。

那男生还在和司机僵持着，这时候辛远打开了窗户，冲窗外的男生说，再过几分钟下一班车就开了，你急什么，你这样搞得我们一车人都走不了。

那男生愣了一下，把目光转向辛远，盯着他看了很久，觉得眼熟，又想不起在哪里见过，等看到他身边坐着唐小果，心里刚才被司机拒绝而产生的怒火被这醋意一浇，就像火上泼了油一样，再也忍不住。他用力踹了一下门，大声吼道，唐小果，你这个贱人，你这么着急回去，原来是要跟他一起啊。真好，真好。

唐小果依旧低着头，像没有听到一样。此刻她一心想着让司机师傅快点开车，让自己摆脱这窘迫的境地，让这两个男生避免一场争斗。

辛远先是听到男生喊出身边女生的名字，他心想，终于知道她叫什么了，唐小果，糖果，还真是好名字，还真是适合自己。可是接着他就听到了那男生在唐小果名字之后加的形容词——贱人。

辛远长得很秀气，甚至有些柔弱，单看外表的话，车外的男生一拳应该就能把他打趴下。可是在自己喜欢的女生面前，辛远觉得自己是坚决不能服软的。他把糖塞到女生手里，说，你帮我拿着糖，我出去教训一下他。

你打不过他的。

那也要打，他竟然敢当众骂你。

他经常这样的，我都习惯了。

那你还要和他在一起？

我们刚吵过一架，我已经想清楚了，过了这个年，就跟他一刀两断。

他家也在D市？

是的，我们从小一起长大的。

辛远和唐小果聊着聊着，竟然就忘了车外的男生，司机也不再理睬那个男生，车缓缓出站。但是刚到出站口，车又停了，那男生竟然堵在车前。

让我上车，或者让那个女生下车。男生叫嚣着，辛远听着觉得很不爽。

你还是回避一下吧，我下去跟他好好谈谈吧。唐小果站了起来。

他不会打你吧？辛远担心地问。

当然不会，他只是容易吃醋。

辛远想了想说，那好办，我跟他换下票就行了，你们先回去，我坐下一班车走。下车之前，辛远选了几颗自己最喜欢的糖，送给了唐小果。

四

回到家后，辛远的妈妈给了辛远几张温泉票，说是公司发的，他们没有时间去，让辛远去泡一泡，说是对身体好。而且冬天泡温泉也确实挺舒服的。

辛远看着票上马上就到截止的日期，心想这么多年来，自己干了多少这样的事儿。为了妈妈公司发的美发店的免费券去剪自己刚剪过的头发。为了爸爸公司发的消费券去吃自己不喜欢吃的火锅。这一回是温泉，如果有朋友，他还可以叫上人一起或者干脆把票送给人家。可是没有，去外地上学以后，辛远是一个朋友也没有了。

那个温泉在城郊的一个酒店里，那酒店依山而建，占地面积非常大，温泉是酒店主打的项目，平时人就很多，现在是冬天，又是寒假，更是爆满。

辛远到的时候已经是傍晚了，温泉里水雾缭绕，隐约可以看到男人女人在大大小小的泉眼里漂浮，一种人间仙境的感觉。辛远找了个人少的温泉跳下，斜躺着，闭上眼睛，眼前浮现出唐小果的音容笑貌来。辛远之前一直找不到合适的形容词来形容唐小果给自己的感觉，说喜悦甜蜜都不对，直到此刻躺在温泉里，他才恍然大悟，就是温泉一般温暖舒适的感觉，泡的时候舒服，泡完了更舒服。辛远想，如果不是她已经有男朋友了，无论如何要泡一泡她。

大概泡了五分钟左右，耳边突然传来了女孩们的谈笑声。辛远没有睁开眼，他想在嘈杂的水声中听清楚那些女孩在说什么，可惜听了许久，还是没有听清一句。只好睁开眼。

眼睛配合着耳朵，辛远总算弄明白，是有个女孩第一次泡温泉，看到有男孩在场，不好意思下水，身上还裹着浴袍，在寒气中瑟瑟发抖。因为离得远，辛远看不清楚那女孩的容貌，只看到她和与她同来的已经在水里的女孩们僵持着，争辩着。

这个温泉并不大，辛远放眼周围，发现这里竟只有自己一个男孩。其他的全是妇女和少女，辛远记得下水的时候还是看到了几个男人的，在他闭眼的那会儿，竟然全都走了。于是他有些明白了，那女孩迟迟不肯下水，竟是因为自己。想到这里，他站了起来。

在和那女孩擦身而过的时候，他有意看了一眼，不看则已，一看就停不下来了，那女孩竟然是唐小果。原来她早就发现水里的自己了，所以才觉得尴尬，怕再造出什么误会，惹出什么麻烦。

真巧，你男朋友没有跟你一起来？辛远主动打招呼。

没有。唐小果抓着浴袍，像是担心辛远冲过来扯掉她的衣服看到她的泳衣似的。

那你还不下水，站着多冷。

我……你能去别的地方吗？或者你闭上眼睛。

你还真是纯情，好吧，我闭上眼睛。辛远颤抖着闭上双眼，心想再这样聊一会儿，回去肯定得感冒了。

等睁开眼的时候，唐小果已经在温泉里泡着了。辛远站在泉边，不知道下去好，还是不下去好，想到最后，还是决定不下去了，可就这么走了，又有些不甘心，于是他就走到唐小果旁边，问她要了电话号码。

五

辛远有好几张温泉票，遇到唐小果之后，他每天晚上都要去那酒店的温泉泡一会儿，并且不断地换泉眼，生怕错过了唐小果。这样折腾了两天，他终于是感冒了。

被烧得浑浑噩噩的时候，他给唐小果发了条短信，说，为了再在温泉里见你一面，我光荣地感冒了。发完，辛远就烧晕了过去。等醒来的时候，已经躺在医院里了。

辛远想起昏迷前发出的那条短信，就去摸手机，结果却不在身边，等到妈妈把手机带到医院来，已经是第二天的下午。他打开手机，并没有看到唐小果的回信，他有些失望，想再发一条过去，这时才发现他之前发的那条短信还在草稿箱里，并没有发出。

这是辛远第一次感到自己爱上了一个女孩，即便在病痛中，一想到唐小果，他心里就笑开了花。以前他以为自己有多么勇敢多么聪明，现在真遇到喜欢的女孩了，他却一筹莫展。而且上次在车上明明有机会表白的，自己却退缩了。在温泉酒店也是，如果脸皮再厚一些，也许现在就不用在这里长吁短叹了。也许现在唐小果正坐自己身边削苹果给自己吃也说不定。

把思绪从想象里挪回现实，身边只有一脸愁容的妈妈。辛远撒着娇说，妈，给我买点糖来吃吧，我饿了。

辛远病好了以后，已经是大年三十的晚上了。地上到处是小孩子放过的鞭炮屑，空气里漂着一股浓郁的火药味。辛远站在街边，掏出手机，确认了一遍唐小果发来的地址，可是这时候路上已经没有出租车了。

他们约好见面的地方离辛远家有些远，唐小果并不知道辛远生病的事儿，所以当辛远发来短信的时候，她随口就说了一家离自己家不远的咖啡厅。

辛远病刚好，身体还有些虚弱，打不到车，就只能跑步过去，好在D

泛
90
第十三届新概念获奖者翘楚新作精华

B
卷

市的路他都熟悉，不会走冤枉路。可即便如此，等辛远赶到的时候，咖啡店里的电视都已经在放新年倒计时的画面了。虎年即将过去，兔年即将到来。每个人都像吃了糖一样，乐呵呵的。

唐小果见到辛远之后说的第一句话就是，我妈已经帮我把学籍转回D市了，我以后不会回学校了，和那个男朋友也分手了。

辛远点了杯卡布奇诺，扶着椅子坐下，他累坏了，一下子有些接受不了这三个信息，更不能理解这信息后面的寓意。他想，如果唐小果以后回到D市上学，不再去那个小城的学校，那他们见面的几率几乎就为零了。可是为什么她要告诉自己她和男朋友分手了，是在等着自己的表白吗？

辛远还没有谈过恋爱，他可不想第一次恋爱就是异地恋，可是异地恋总比单恋和暗恋好，想了很久，正当他鼓起勇气想要表达爱意的时候，唐小果突然说，你在想什么呢？

辛远有些紧张，连忙说没什么。

唐小果说，在这一年最后的几天里，能认识你，我还是很开心的。你送我的糖很好吃，也许以后我会喜欢上吃糖的，书上说吃糖可以让心情变好。以后想起你了，我就吃一颗糖。

辛远说，我们以后不能再见面了吗？

等毕业了也许还能见面的。

可是我不想等到毕业，我让我妈也把我的学籍转回D市。

不，不要，我想一个人安安静静地生活一阵子。其实我之前的男朋友对我很好的，我也很喜欢他，如果不是因为他太小气了，我们不会分手的。

你不能考虑一下我吗？

如果你能用一句话打动我，也许我可以考虑。

辛远想了半天，结结巴巴地说道，我觉得世界上有三样东西是必须泡的，一是方便面，二是温泉，三就是你。

唐小果听完这话，刚喝到嘴里一口咖啡对着辛远的脸就喷出来了——你这是夸我还是损我啊。

辛远说，当然是夸你呀。虽然这比喻有点蹩脚。可是，这是我能想到的最好的句子了。

你语文成绩不是很好吧？

你怎么知道的，我每次都是班级后十名。

看出来了。你太纯情了，我不忍心带坏你。

六

唐小果走后，辛远想到一个新词语——无稽之恋。用来形容他和唐小果真是再合适不过了，莫名其妙地开始，匆匆忙忙地结束。

街上有人在放烟火，绚丽短暂。辛远从口袋里摸出最后一颗酒心糖，放在嘴里，直到巧克力融尽了，才咬开，这时候辛远真希望这酒水能浓烈一点，麻醉掉自己的神经。

他想到新年过后，就要离开D市，离开唐小果，回到学校过那一成不变的生活了，眼角竟滑下了一行热泪。纯情有罪吗？他自言自语地说。

他想踢一踢路边的小石子，可是找了半天，地上竟然光滑得没有一颗小石头。看到路边的小超市里有卖娃哈哈AD钙奶的，他就买了一瓶，他小时候最喜欢喝这个牌子的饮料了，如果不是后来有人取笑他长不大，他才不会去喝可乐和雪碧呢。喝完之后，他把瓶子放在地上，一路踢了回去。

虽然离开学还有一阵子，还有很多时间可以跟唐小果相处，可是唐小果说自己想一个人安静地待一待，他又怎么好意思去打扰人家呢。爱一个人，还真是难呐。辛远看着升起又落下的烟火，用力哈出一口白气，然后对自己说了一声，新年快乐。

七

寒假结束后，辛远回到学校想到的第一件事就是去那家特立独行的糖果店买酒心糖，可是顺着记忆中的路线走去，看到的却是一家奶茶店。他问店里的工作人员，这里的糖果店呢？

工作人员说，糖果店？这里没有糖果店呀。

辛远想说，寒假之前这里明明就是一家糖果店嘛，我还在这里买过糖，那个卖糖的姐姐还多给了我两颗呢。可是看到奶茶店陈旧的装修和磨得掉色的沙发椅，他终究没有说出口。

这真的是一家开了很多年的奶茶店，辛远站在街口，一路望去，糖果店已经消失得无影无踪了。就像那个温泉女孩，就像从来没有存在过。

小镇生活

文／王永强

1

我住在N市W县的L小镇上，之所以说得这么清楚是因为这里面有很强的隶属关系——不止是在行政划分上。N市曾位列全国十大暴力城市之首，不管这个统计够不够科学，起码它是写实的。路人能够因为看不惯对方的发型而大打出手，黑帮火拼起来能用上电视里才能看到的高科技武器，有一次连细菌炸弹都用上了，据说是从养猪场的瘟猪身上提炼出来由专人配上炸药制成，威力巨大，导致那里的居民前于历史地感染上了H1N1。

那个时候N市人因为位列第一的光荣称号得意了很久，然而好景不长，由于暴力气焰过盛而被严重打击，从此无法在其他暴力城市面前抬起头来。此后收回排行榜第一就成了很多N市人朝思暮想并付诸实施的事情。

W县作为N市最重要的县承担起了这个艰巨的任务，这里长年保持着益于滋生暴力的良好氛围，可以说是个很好的培养基地，每年为N市输送大量的流氓型人才。我们L镇不幸，是W县的下属地，因此经常发生奇怪的事情，大到镇长的家一夜之间成了粪池，小到一条流浪狗的尾巴被活生生做成了香肠，我前几天还看到那条狗拖着它的香肠在街上闲逛，我当时想的是它要是饿了会不会像其他的狗那样咬尾巴来解决温饱问题。

最近发生的怪事是一个男青年跳河自杀了。一般跳我们镇上这条河的都不是被淹死的而是被熏死的，世上自杀的方式有千万种，他怎么就选了这个最残酷的死后连骨灰都要遗臭万年的方式呢？不得不提一下这条河，它是我们镇上的标志。镇上所有的垃圾和废水都被亲情奉献在这条河里，其中贡献最大的当属两家化工厂每天向河里排毒养颜。数不胜数的垃圾在河里发生了激烈的化学反应并最终造福于镇上的居民，因为大家都用不着钟表了，河水每个小时都会变颜色，基本上往河里一看就知道该干什么了。

关于这个男青年的死有三种猜测：高考落榜，被传销集团骗光了钱，被女朋友甩了。人们围绕这三种猜测展开了热火朝天的讨论，严格遵守全民参与原则，而且还有文武双全的倾向。我认为为前女友殉情还说得过去，为钱殉情就活该，最次的是为高考，人脆弱到这个份上也只配这样的死法了。

偏巧我第三次高考落榜，我妈看我的眼神一天一天怪异了起来，杀伤力成倍提升。在我被那眼神逼得受不了之后我就跑到外面租了个小房子宅起来。

基本上我所生活的环境就是这个样子。

2

换了地方住之后最让我受不了的事情就是成群的猫不分白天黑夜地狂欢。这里的猫随人性，脾气暴虐，稍有不合就打起来。某天中午我正睡午觉，忽然听见房顶上的瓦片哗啦啦地乱响，我一惊，心想这不是电影里的飞贼么，大白天的也敢来呀。等我跑到阳台一看才发现是两只猫在打架，单看那姿势和阵仗分明就是《动物世界》里两只雄狮对扑的场景，吓得我赶紧抓起晾衣杆挡在前面。然后其中一只猫把另一只猫摔到了隔壁楼的房顶上，砸了个大窟窿出来。

我终于明白，在这样的地方，不管是人还是畜牲都是不好惹的。为此我去买了两斤鲜鱼来贿赂几只大哥级的猫，意思是求它们以后打架别来我房顶上，我可不想在梦到姑娘的时候天上掉只猫下来。

搞定了这个问题，我开始为自己整日在屋子里游手好闲浪费光阴而焦虑起来，我想我不能让时光就这样白白流逝，我得让我的生命绽放应有的价值。因此我选择到屋外游手好闲。我先到街上闲荡了一圈，沿着南北向的街道走，一个人走的缺点是没有人来给你统计回头率，于是我转过身倒着走，然后我发现我的回头率还是很高的。

接着我进了家网吧，这网吧的生意爆好，基本上在干什么的都有。我选了一台角落里的电脑，挂上QQ，头像一片一片地闪，其中有不少是半年前发给我的消息。我一想，确实差不多半年没有上过网了，疑惑的是腾讯居然没有把我的QQ收回去。然后我打开了一个网站，半年没有登陆，连站名都从原来的"创新作文网"变成了"秋千网"，再看原来跟我吹牛的朋友一个个的都不在了。

这是个文学性质的网站，原来对文学很热血的那会儿我经常在上面发些文章灌些水帖，阴差阳错地居然混到了蛮高的人气。但是现在我跑到论坛上发个帖子半天没有人理我。终于蹦出来一个认识的人，他说你回光返照啦。我说，对啊我回光返照了，原来那些人呢？他说不知道。然后我们一起忆旧，忆出来的居然是他删过我的帖子我骂过他的文章，更神奇的是我们回忆得相当愉快。

我翻出自己以前写的东西，诗歌写得身首异处，小说写得人命累累，看起来怨念极重。这时一个猥琐男在我旁边坐下来，他对我说："这年头像我们这么有文化的人可不多了，你看那些看毛片的多没文化，还是咱们志趣相投。"然后他向我的屏幕看了过来，两秒钟后他估计是没看到他想看的内容而对我说："翻页翻页，人生要有目标，咱要直奔重点。"我说这里都是这样的文，没有你想看的那种。于是他用和街上那些送我回头率的人一样的眼神看了我两秒钟，然后到别处猥琐去了。

3

晚上我回到住的地方，在窗外此起彼伏的猫叫声中入眠。在我就要睡着的前一秒我的电话响了起来，我拿过来一看是个陌生的号码就接了起来，但如果是个熟悉的号码我就会毫不犹豫地挂断，因为他们多半是来问我考了几分的。电话那头一个陌生的声音说："你好，我是百人同创。"百人同创就是那个和我一起忆往昔峥嵘岁月的家伙的网名。我说，你好，有事吗？他说："你考了多少分？"那一瞬间我想把电话扔出去喂猫。

我说，有事说事吧，别折磨我。百人同创说："是这样的，我们办了个电子杂志，叫《雕刻时光》，你有没有兴趣来当当编辑？"我说为什么呀？他说："其实是因为我们原来的那些编辑一个一个地都失踪了，也不知道为什么，反正就是联系不到人。你来不来当编辑？"我想了想自己一天到晚地没有事干也挺难熬的，就答应了。

第二天我正式上班，当然是远程的，我只用坐在电脑面前看稿子就可以了。第一次体验到毙别人稿子的感觉，真是好，想当年我投的稿子老被别人毙，今天我也翻身做主人了。这就好比做学生的时候老被老师罚，终于有一天翻身做了老师，于是加紧罚自己的学生，一个道理。

在稿件里挑挑拣拣选了一番之后我把过了审的稿子交给百人同创，让他做成电子杂志，他说："稿子少了点，要不你回去再写一点？"于是我厚颜无耻地把以前发在网上的稿子交给他，其实这就是我的目的，我以前一直觉得那些稿子很好但就是没有编辑欣赏。现在终于有编辑欣赏了，虽然是我自己，上的是电子杂志。

百人同创说我去忙了，然后下线。这时我又变得百无聊赖起来，为了让无聊远离我，我和一个在网上认识的姑娘聊了起来。

我：敢问姑娘芳名芳龄家在何方有何亲人可曾婚配？

姑娘：本人姓方名芳家在四方未曾婚配但有个仰慕已久的男人他笔名方达。

我：那这位四四方方的姑娘你对在下我有没有兴趣？

姑娘：刚看了你照片，假如你的长相可以人性化一点，衣着可以工笔一点，表情不那么边缘化一点，姿势没有那么匪夷所思一点，我还是会对你产生兴趣的。

我：没啊，最近不是流行犀利哥么？别这么快就判我死刑啊，起码给个死缓好不好？

姑娘：犀利哥那已经是半年前的事情了好不好，何况就你这个资质还扮啥犀利哥啊。

我：那是我的钱包没有那个资质，我查过了，一套犀利装要好几千呢。

姑娘：敢情说了半天你连钱都没有啊，这年头连钱都没有你还混啥呀。

说完那个姑娘就下线了，留我一个人在那里唏嘘世态炎凉人心不古。唏嘘完我开始考虑钱的问题，考虑着考虑着我发信息给百人同创：当这个编辑有没有钱拿啊？他很快就回复我：暂时没有，不过杂志做出来你就狠命下载吧，下载得多了咱就火了，等咱火了你还怕没钱拿吗？

我一想是这个道理，就回复他：那你还废什么话还不赶紧做杂志去。

4

在我等得快要羽化登仙的时候百人同创发来信息，他说电子杂志搞好了。于是我一边狠命下一边催他别偷懒。整整三天我就坐在电脑面前下载，期间网吧的宽带因此卡住了无数次。三天之后我看着那个很高的下载量感觉我已经火了，于是和百人同创汇总了各自下载的次数，汇总之后我们惊奇地发现那个数据就是总下载量。这意味着这本杂志就我们两个看过，于是我就火了，发信息质问百人同创：你不是说我们会火吗，火呢？他回复道：你别发火呀，可能是现在时间太短别人还没看到，要不这样，我们分头去别的网站宣传宣传。

于是我登陆所有我知道的文学网站去灌水，结果我发现所有论坛近期都只有一篇帖子，那帖子是百人同创发的。我叫住他，我说你别发了，到处都没有一个人，到底是怎么回事？他说：我也不知道，难不成搞了什么禁网月的活动？

一个星期之后那个下载量的数据依旧没有变动。百人同创说：可能是这一期杂志确实做得太差了导致没有人看，要不我们再做一期吧，万一还不行再放弃行不？

我说还做什么呀，根本没有人投稿了。他说：没关系，你自己写就行了，写完之后换一大堆稀奇古怪的笔名搞得咱很有人气的样子，说不定莫名其妙地咱就火了，反正你不是号称什么类型的东西都能写吗，你看，充分展示你才华的时候来了。我说那你干什么？他说：我再试试联系一下那些人吧，就算2012提前到了也不至于全部失踪了啊，实在不行我就上街拉人去，凭我两寸半镀金镶钻的毒舌，我还不信我拉不到人。

我迅速在脑子里勾勒一番画面然后发过一行字：你这是当皮条客呢？他没有回复我，估计是身体力行在一大堆骗子和皮条客里寻觅自己的猎物去了。

然后我就不停地写啊不停地写，网吧里其他的人来了又往，就我一个人坐在角落里不停地拍键盘。那些人都说这个家伙太诡异了咱离他远点，这导致虽然网吧里人满为患等着上网的比等着上厕所的还要着急也没有人用我旁边的那台。慢慢地我旁边的电脑就被灰尘掩埋了起来并且一天比一天厚，终于有一天我把所有的稿子都写完了发现我出不去了，本来我是紧靠两面墙壁的，现在已经被两堵砖墙和两堵尘墙包围了。

发现这一点之后我仔细盘算，想不管怎么样尘墙总比砖墙差些，于是我在无法助跑的情况下向尘墙撞了过去，然后尘墙崩塌。等到尘埃落定之后我听到那帮打着网游的家伙说："那个疯子从尘墙后面跑出来啦！"然后我看到他们一哄而散。之后我有了个外号叫"疯尘"，我把它改为"封尘"作笔名。

　　我告诉百人同创所有的稿子都写好了可以做杂志了。等了半天等不到回复，于是我打电话给他，手机里一个非常优美的女声说："您所拨打的号码是空号，请查实后再拨。"一连拨了几次都是这样，我一生气就把手机砸出去了。

　　砸出去我就后悔了，一是为手机，虽然旧了点但还是值点钱的；二则是因为这里是网吧，鱼龙混杂，少不得有地痞流氓，万一一砸到个剽悍的我这一辈子就可以画句号了。我闭上眼睛听到手机砸到什么东西的声音，心想我完了，睁开眼睛，看见手机已经粉碎，再微抬头，看到一个纹身的大光头头都破了，我咽下一口唾沫，心想我完了。

　　在我考虑是写遗书还是直接画句号的两秒钟里我听到了大光头的破口大骂："谁他妈的这么大胆子，敢爆老子的头？！"我两眼直发黑，连句号都画不圆了。但接着出现了转机，那个光头拎起旁边一个小个子就是一顿暴揍，边揍边说："妈的，敢用重狙爆老子的头，我让你爆，我让你爆！"

　　我趁乱出了网吧，在大街上漫无目的地走着，想着刚才发生的事，想起消失无踪的有可能被皮条客拉走的百人同创，觉得这个世界太荒唐。但马上我就不觉得荒唐了，因为前方出现了一个穿着白色裙子的无论脸蛋还是身材都很好的姑娘，我觉得，梦想没有就没有了吧，有艳遇就好。

　　我上前搭讪："敢问姑娘芳名芳龄家在何方有何亲人可曾婚配？"她白我一眼说："你怎么就会这一句呀？"我说："我们认识？"她说："你不就是那买不起犀利装的那人……咦，你发达了？这么正宗的犀利装你都买得起呀，还配了这么有创意的发型和烟熏妆，有你在，正版的都该回家洗洗睡了。看在咱这么有缘的份上，我就做你女朋友了。你不会让我从小三做起吧？"

　　这艳遇来得太震撼了一点，我一时没有反应过来。等我反应过来，她已经拽着我往一家很高级的餐厅走，我连忙停住问她："你买单还是我买单？"她表情诧异地说："废话，当然你买单了。"为了不让刚煮熟的艳

泛90

第十三届新概念获奖者翘楚新作精华

B卷

遇飞了，我决定说一回假话："那个，我的钱刚被一个传销集团骗了。不过你放心，我很快就会把钱赚回来的。"

她停顿了两秒钟然后把我推翻在地，大骂一句："原来你还是没有钱，还想占我便宜！"说罢挽上旁边一个中年男人的胳膊就进去了。这一切来得太突然。

旁边一个刚下班的乞丐起身离开，看了我两眼，扔了一块钱硬币在我面前。他见我没有反应，摇摇头说道："你们现在的年轻人实在是太不专业了，我们积累了上千年的专业素养估计就毁在你们手里了。"

我突然起身跑起来。我想找一面镜子看一下我现在的样子，可到处都找不到。最后我跑到了桥上，俯身看水里的自己，可惜那水黑得可以直接当墨水用，我什么也看不到。正在我伤心失望的时候，河里的水猛然变起色来，我充满希望地盯着河水。

伴随河水变色的是一股强势的臭味，我还没有来得及辨明其成分就觉得眼前一黑，然后感觉身体在下坠。

我最后听到的话是："来人啦！有人自杀了！他身上穿着很值钱的衣服呀！打捞上来平分！"

夜哭妖精的曼舞

文/贲意

有一个静静的夜晚，半树模糊的意识中，闯入了一个妖精。哭声，是相识的根源。

隔壁的音乐家又在午夜弹奏《爱的礼赞》了，很缠绵的一首曲子。因为弹奏人的心情不一样，半树听得出今晚他是带了点忧伤的。

哭声细细碎碎，从窗外飘入那一小方世界，低低的，合着乐声。忽然很想出去，去寻找哭声，究竟是什么让那个哭泣的人如此伤心？

半树披上一件外套，小小的步履，小小的身影，和着乐声渐行渐远。

这是一个暮春的夜晚，寒气不重了，盛夏要来了。应该说，半树和妖精的相识是天使的一个小小游戏。就在他什么都不知道的时候，天使和妖精立下契约，用半树的眼泪来换妖精的自由。天使说了，他只要半树的眼泪。

这是一个暮春的夜晚，蒲公英想在这里偷偷飞舞，星辰想在人们都熟睡的片刻绽放，音乐家想在寂静的午夜弹奏理查德《梦中的婚礼》。这一切，很不幸，都被半树看到、听到了。在一棵古老的榕树下，他发现了妖精。

一只发着亮光，小得只有手掌般大，很可爱的野人装扮的小妖精。它轻轻地哭泣着，什么话也不说，躺在榕树突生出地表的粗大根茎上，用小小的手不停拭泪。

半树对着这样一只会哭的妖精，觉得很亲切。他用手端起它，脸凑近了去看它。天，它居然有翅膀，薄薄的两片羽翼，因为见到了半树，还在颤抖。

你为什么哭？

半树笑着说。

小妖精哽了一下，身上的光暗了一些，因为我妈妈死了。

半树顿了一下，那我来做你的妈妈好吗？

小妖精不再哭泣，它很开心，它仰起头说，我叫江豆。

江豆？半树扑哧一下，笑了，这是他听过最好笑的名字。一般说来，妖精都是叫很诗意的名字，就像樱冥雪就是一个很美很美的妖精。

不许你笑，小妖精生气了，不许妈妈笑我。

就这样，半树收留了这只名叫江豆的小妖精。别人看不见它，因为他们的心没有半树如此干净。可以说，只有半树才有资格碰江豆，做它的妈妈。

半树每天都带着它去学校，和它说话，陪它玩耍，半树的肩膀成了江豆最好的栖所。

隔壁的音乐家还是喜欢在午夜弹奏缠绵的曲乐。他大前天用钢琴弹奏了《天空之城》，前天用钢琴弹奏了《秋日私语》，昨天还是用钢琴弹奏了《给爱德琳的诗》。小可怜，每每江豆听见他的音乐，总是从半树肩膀上滚落下来，去那棵古老榕树下，哭泣。

半树问，江豆啊江豆，为什么你有了我还要哭泣？

江豆说，半树啊半树，你不明白妖精的思想。

妖精其实都有妈妈，只不过妈妈不是生下小妖精，而是种出了小妖精。所以我们都是从花朵里开出来的。每种花都不一样，就像那个叫樱冥雪的很美很美的妖精就是从蔷薇花里开出来的。

那么，江豆是从哪种花里开出来的？

我的花儿很普通，我是从一株蒲公英里开出来的。

半树轻轻笑了一声，抬头去数他的双子座，一颗、两颗星，他说，江豆，小妖精，全世界没有第二个你。

就在这样的幸福快乐中，蔷薇花落了，日子走进了夏季。

天使却和江豆开了个大大的玩笑。

在上学的路口，阳光似煮熟了一般，原来渴望的夏天有时也可以让半树如此讨厌。好在，耳边的小妖精一直扇动着羽翅，仿佛黑暗中一股清凉的小夜风。

眼前，突然，跳出另一只小妖精，淘气而倔强，一切变得仓皇而又模糊，最后只看到它揪着江豆的耳朵飞出好远好远，半树在它们身后，追寻着闪烁的光。

在一棵冬青树下，它停了下来，放开了江豆的耳朵，江豆立刻捂着小耳朵呼呼。那个小妖精停滞在半空中，它望着一株正在枯萎的花，握紧拳头，它低着头，咬着双唇。

半树挥舞手臂，上气不接下气地跑来，江豆马上钻进他的书包缝中，探出一双绿豆眼儿，生怯观望。

半树是个好孩子，他没有妈妈，所以比别人更懂得去关爱人，他站立了小片刻，伸出双手，像那晚与江豆的相识一般去接住小妖精，寂静被一场突如其来的哭泣打破。

在半树的小小掌心中，可怜的小妖精像是找到了永恒的归宿。它没有江豆的纤细，它大概遭遇了什么，泪水清冽淌下，两片薄薄的羽翼因为哭泣而轻轻震颤，此刻它成了世上最孤独无助的妖精，它就像一头需要安抚的小兽，在手指缝中偷偷看着微笑的半树。

乖，不哭，告诉我，你怎么了？半树把小妖精端近自己的脸庞。

它不做声，依旧在哭。

是哪里痛了吗？半树这晴天般的嗓音。

它还是没有说话，哭得却更凶了。

那么我来帮你呼呼，让半树来呼呼。

他端起小妖精，吸进一口气，缓缓地呼了出来，呼在它的两片羽翼上，它睁开一只眼，偷偷看了一眼半树。然后，半树的脸便凑近了它，和它贴在了一起。哭泣的小妖精竟然感到了妈妈的味道，温润而又香醇。

小妖精轻轻垂下拭泪的手，不再哭泣。

我叫冬青。它说。

哦，冬青。

我找不到我妈妈了。冬青哗地一下又哭了出来，一声声嚎叫真让江豆受不了。江豆飞出书包缝，捂着耳朵大叫你别嚎别嚎。

冬青愤愤地望它一眼，倏地从半树的掌心飞了出来，深深抱住他的脸庞，它呢喃着，做我的妈妈，冬青的妈妈。

半树望了一眼江豆，它偏过了头，冬青紧紧地搂着，半树微微点了点头。

从那天起，半树的两个肩膀就都有了主人。一个是单纯纤细的江豆，另一个是淘气倔强的冬青。它们两个，霸占着各自的栖所，谁也不肯让谁，它们都希望半树只有自己这一个小孩。

于是呢，在清凉的午夜，隔壁的音乐家又在弹曲子的时候，两个小妖精都把头偏向一边，哼的一声，盘起手臂。半树望望这边肩又望望那边肩，呵呵几声苦笑。

天使和江豆开的一个大大的玩笑，冬青。

趁着冬青不再的时候，江豆躺在半树的掌心，它的光亮越发强烈，它问，半树喜欢江豆多一点儿还是喜欢冬青多一点儿？它认真的表情让半树扑哧一下笑了出来，他捂住肚子，笑颤了。

江豆大喊我生气了，它扇动翅膀，飞到半树的眼前。

妈妈！

半树顿住了，他从未见江豆如此认真，他仿佛从那颗小小的心中读出了什么，江豆的执著。

一样的呀，江豆和冬青我都一样喜欢。

不算不算，江豆明明比冬青喜欢半树更多，所以半树也应该喜欢江豆多一点儿。

小妖精，不许淘气，半树的口气严厉起来，但很快又平和了，他望向远方，那缓缓坠落下去的夕阳。他说，冬青的花要枯萎了，它的妈妈种下了冬青却不要它，这对于它是多大的伤痛，从一出生就没有了妈妈，和我一样……

江豆望着夕阳。至少它是有过妈妈的，它的妈妈不是不要它，只是她再也养不了它，江豆是有过妈妈的妖精，可冬青不是。

江豆低下头，一颗晶莹的泪滚落下来，半树，我想你永远做我的妈妈。

半树笑了一下，轻拍它的后背，然后什么话也不说。

冬青对《卡农》情有独钟，每每在午夜，隔壁的音乐家按下第一个琴键，它就从半树的肩膀上滚落下来，跑到那棵冬青树下，哗的一声眼泪和嚎叫喷涌而出，如放坝的水。冬青的哭泣不同于江豆的哭泣，它的哭泣更像小孩子倔强的反抗，哭累了停一会儿又凶起来，哽咽两下，哇啦哇啦的眼泪是不屈服的标志。

江豆是冬青的哥哥，要包容冬青，半树说，太阳已经完全落下去了呵。

嗯。江豆把头深深埋入臂弯，它害怕半树会讨厌它，再也不喜欢它。

所以妈妈和争夺妈妈的冬青，它毫不犹豫地选择听妈妈的话，留在妈妈身边。

隔壁的音乐家又在午夜弹奏曲子了。这场盛夏来了，很多人措手不及，半树一不留神也忘记了时间的伟大。

月光！

江豆惊叫，又立刻捂上了嘴。它望望熟睡的半树，这可爱的稚嫩脸庞。没有冬青，此刻的半树是完完全全属于江豆一个人的妈妈，江豆张开双翅，快乐地飞舞起来。

月光！月光！

满脸幸福的小妖精肆无忌惮地叫喊。

一阵低语，在窗外飘渺。

江豆不再手舞足蹈，它嘟嘟嘴，慢慢探出头去，循着耳语飞出半树的房间，它看了什么呢？

天使！还有冬青。

他们在那棵榕树下交谈，天使摸摸了冬青的头，然后他笑着用羽翼裹住全身，消失在一片银色中。留冬青一个人停滞在空中，静默了很久很久，仿佛在后悔着什么，它的身上也闪烁着迷人的光。

江豆再也看不下去，它从草堆里钻出来，飞到冬青面前，江豆这愤怒的小模样，两只同样倔强同样会发光的小妖精，就这样面对面。

你和天使有什么阴谋？

不用你管。冬青抬起头。

和半树有关的我就要管！

你才有阴谋，江豆才是坏妖精，江豆来到半树的身边就是为了……

江豆才不是坏妖精！它捂住耳朵，不争气地掉眼泪，呢喃着，江豆是半树的好孩子，江豆才不是个坏妖精，江豆有妈妈……

在这古老的榕树下，江豆蜷缩在突生出地表的粗大根茎上，一颗、两颗泪。

江豆的哭泣不同于冬青的哭泣，它的哭泣像一个小孩不受欢迎的伤心难过。细细碎碎的哭声，牵引着半树，让这小小的身影因为妈妈这两个字而越发伟大。

在那古老的榕树下，冬青不见了，半树发现了哭泣的妖精。半树静静地坐到它身边，午夜外面正在吹清凉的风。

半树问，江豆啊江豆，为什么你有了我还要哭泣？

江豆捂着小脸，从手指缝里偷看，半树这颗纯净的心。

那个音乐家狠狠地按下琴键，是巴洛克的音乐，正是高潮的前夜，人物的内心发生了很大变化。

就像江豆，它喜欢这个妈妈，不想半树难过，不要他落泪。它忘了，来到他身边的目的，是给天使带回半树的眼泪。

江豆，你还是没有告诉我你为什么哭？

半树，我想你永远做我的妈妈。

傻孩子，谁说这不可以呢？

半树，我们妖精的存在，就是为了给人类带来快乐。妖精很脆弱，人类有时会抛弃我们，那时我们依靠天使。可他们不能做我们的妈妈，所以没有义务照顾我们。我们只有付出，才能生存。

小可怜，现在你有妈妈了。半树摸了摸江豆的头。

妈——妈，你能哭吗？江豆很认真很慢地吐完最后一个字。

半树愣了一下，我当然能哭，只是现在不必哭。

江豆扇动翅膀，飞到半树跟前，它身上的亮光越来越耀眼，它绕着他飞了两圈，在半树八岁的稚嫩脸庞前停下，它伸出手接住他的鼻尖，小小的嘴在上面亲了一下下。

对不起，妈妈，半树，我要走了。江豆飞进了遥远的深夜中，再也看不见亮光。

半树飞不起来，他将手伸到了最高处，或者徒劳地挥舞手臂，他张大了嘴，想叫出声，却发现亮光已经再也看不见了。

江豆，你这个大笨蛋！我什么时候说过不做你的妈妈。

半树被无穷无尽的黑夜包裹，无穷无尽的夜，无休无止的黑色，一个人蜷缩在古老的榕树下，偏过头肩膀上再也没有那个会发光的小妖精。虽然它很淘气，经常会去燕子窝里张口等老燕子的毛毛虫，还总去狗狗的耳朵里哈气，叫它整晚整晚地叫；虽然害半树一路一路地追，小小的个子在夕阳下拉成好长好长，但谁让它是江豆的妈妈。妈妈总是最有忍耐力的一个，她们很……就像那个音乐家弹奏的曲子，一个音符接着另一个音符，好像她们在追着淘气的小孩子。

谁让他是江豆的妈妈呢！

朦胧的视线中，闪过一丝光亮，仿佛在黑暗中半树的光和星。是江豆吗？半树抬起头，冬青也会发光，我忘了。

半树，江豆去哪儿了？

伤心的小男孩不说话。

半树，其实我有妈妈，我的妈妈是个小女孩，她一直向天使祈求一只小妖精，所以我就来了。可是天使也使坏，他和江豆开了个大大的玩笑，其实冬青是个好妖精。是天使派冬青来的，他以为江豆快要忘记了，天使要半树的眼泪。可是冬青看得到，江豆喜欢这个妈妈，它不要他难过也不要他落泪，江豆是个好妖精，只是天使……

半树眨了一下眼睛，从里面落下一颗泪，炽热的小男孩美丽的一颗泪，在空中飘着飘着。飘到了很远的地方吧，有多远呢，江豆离开他的距离吗？

这颗泪，被一双发亮的小手接住，然后，整个身体都亮了起来。

它就这样捧着这颗泪，出现在半树的眼前。半树抬起头，睁开眼，是江豆，是半树一直疼爱的小孩，他连忙问，江豆不会再走了？

不走了，我可以永远做半树的小孩了。它捧着这颗凝结不散的泪，说，这才是真正的眼泪，真正的泪是不会散的。太好了，半树，你可以永远做我的妈妈了。

江豆用它小小的怀抱抱住了半树的鼻尖，随后，它飞到空中，放手了那颗泪，让它飘到了天使那里，看着天使撕毁契约，现在，它，江豆，可以永远做半树的小孩了。

江豆飞到冬青面前。午夜，闪光的两只小妖精牵起了手。

谢谢你，冬青。

半树是个好妈妈，可是我的妈妈也是个好妈妈。

冬青，我们都要幸福。

江豆很满足，真的好满足。它和冬青开心地飞舞起来，在那个音乐家的琴音里曼舞起来，它的光亮印染了整个天空。北极星闪烁着跳耀在墨黑的天幕，月色朦胧，初夏的夜晚，它转着圈儿，对天空喊：江豆是半树的小孩！半树是江豆的妈妈，永远永远的妈妈！